Bettina Obrecht
Mama, Papa und die Neuen

cbj

DIE AUTORIN

Bettina Obrecht wurde 1964 in Lörrach geboren und studierte Englisch und Spanisch. Sie arbeitet als Autorin, Übersetzerin und freie Mitarbeiterin im Rundfunk und wurde für ihre Kurzprosa und Lyrik mehrfach ausgezeichnet. Seit 1994 schreibt sie Kinder- und Jugendbücher und hat sich seitdem bereits in die »Garde wichtiger Kinderbuchautorinnen hineingeschrieben« (*Eselsohr*).

Bettina Obrecht

Mama, Papa und die Neuen

Mit Illustrationen
von Iris Hardt

cbj

cbj
ist der Taschenbuchverlag für Kinder
in der Verlagsgruppe Random House

Verlagsgruppe Random House
FSC-DEU-0100
Das für dieses Buch verwendete
FSC-zertifizierte Papier *München Super Extra*
liefert Arctic Paper Mochenwangen GmbH

1. Auflage
Erstmals als cbj Taschenbuch Februar 2010
Gesetzt nach den Regeln der
Rechtschreibreform
© 2010 cbj, München
Alle Rechte vorbehalten
Umschlagbild und Innenillustrationen:
Iris Hardt
Umschlaggestaltung: basic-book-design,
Karl Müller-Bussdorf
im · Herstellung: AnG
Satz: Buch-Werkstatt GmbH, Aibling
Druck: GGP Media GmbH, Pößneck
ISBN 978-3-570-22106-8
Printed in Germany

www.cbj-verlag.de

1.

»Warum nimmst du Casper eigentlich an die Leine?« Tobias sieht sich um. »Ist irgendwo eine Katze?«

Lea gibt einfach keine Antwort. Tobias beobachtet mit gerunzelter Stirn, wie Lea den Haken der Hundeleine an Caspers Halsband befestigt. Casper stemmt sich gegen das Halsband und keucht so vorwurfsvoll, als würde Lea ihn erwürgen. Lea tätschelt ihm tröstend den Kopf und richtet sich wieder auf.

»Oder hast du Angst, dass er einfach abhaut?« Tobias lässt nicht locker.

»Quatsch«, sagt Lea böse und setzt den Kopfhörer vom MP3 auf, obwohl das nicht so nett ist, wenn Tobias neben ihr herläuft. Aber wenn einer so blöde Fragen stellt, kann er nicht verlangen, dass man ihm zuhört.

Casper haut doch nicht ab! Nicht mal wenn der dicke schwarze Bulle von Bauer Munk über den Zaun springen und Lea angreifen würde, würde er abhauen. Er würde sich für sie zu Mus zerstampfen lassen. Lea-Casper-Mus. Nicht mal wenn ein Fremder mit einem ganzen Teller Koteletts vor ihm herlaufen würde, würde er ihm nachlaufen. Tobias weiß ganz genau, dass Casper immer und ewig bei Lea bleibt.

Es geht also nicht darum, dass Lea Casper festhalten muss. Nein, es ist einfach ein gutes Gefühl, Casper an der Leine zu führen. Mit der Schlaufe ums Handgelenk spürt Lea jede seiner Bewegungen genau. Sie kann die Augen schließen und weiß trotzdem, dass Casper da ist. Sie spürt, wann er stehen bleibt und wann er wieder losgeht.

Zugegeben, manchmal gibt es einen wichtigeren Grund, Casper an die Leine zu nehmen. Der Grund kann eine Katze sein, ein Kaninchen, eine Ente, ein Reh, eine Maus. Wenn Casper ein anderes Tier riecht, kann er sich nicht mehr halten, es geht einfach mit ihm durch. Er veranstaltet ein solches Gebell, dass er Leas Rufe unmöglich hören kann, und dabei rennt er los wie eine Rakete. Abhauen ist das nicht. Es ist nur sein Jagdtrieb, dafür kann er nichts. Leider ein sehr ausgeprägter Jagdtrieb. Casper hat ein echtes Problem, und das ist irgendwie sein gutes Recht, findet Lea. Menschen haben doch auch ständig Probleme. Sogar viel schlimmere Probleme. Caspers Problem ist nicht wirklich schlimm, weil er in der Regel keine Maus erwischt, geschweige denn eine Katze oder ein Kaninchen. Irgendwann kommt er mit hängender Zunge und eingeklemmtem Schwanz wieder angetrabt und es ist überhaupt niemandem was passiert.

Die Probleme der Menschen dagegen können schlimme Folgen haben. Das hat man an Leas Familie ja gerade gesehen. Leas Eltern hatten plötzlich Schwierigkeiten miteinander. Es können noch nicht mal ernsthafte Probleme gewesen sein, denn Lea kann sich nicht erinnern, dass die beiden sich jemals gestritten haben.

»Wir haben uns einfach auseinandergelebt«, hat Leas Mutter gesagt und immerhin ein bisschen geseufzt. »Weißt du, Lea, wir waren so jung, als wir uns kennengelernt haben. Das Leben hatte noch gar nicht richtig angefangen. Und dann kamst du schon.«

»Bin ich etwa schuld?«, hat Lea leise gefragt. Und da haben ihre Eltern heftig die Köpfe geschüttelt.

»Um Gottes willen, nein, du bist nicht schuld. Wir haben uns über dich gefreut!«, hat ihre Mutter schnell gesagt. »Man kann außerdem gar nicht von Schuld reden. Keiner ist schuld. Das Leben ist schuld. Wir haben uns einfach so unterschiedlich entwickelt.«

»Wir wollen einander nicht im Weg stehen«, hat Leas Vater hinzugefügt, und das klang wie in einer blöden Talkshow oder in einem kitschigen Film.

»Ihr steht euch doch überhaupt nicht im Weg!«, hat Lea gesagt. Sie erinnert sich, dass Casper neben ihr saß und den kantigen Kopf auf ihren Knien liegen hatte und dass ihre eigene Stimme heiser klang, ganz fremd. »Ihr macht doch sowieso beide, was ihr wollt.«

Und da hat ihre Mutter sich zu ihr gesetzt und sie in den Arm genommen. Casper ist brummelig ein Stück abgerückt. Lea hat schon geheult. Es war klar, was kommen würde. Lea war ja kein Baby mehr. Als sie noch kleiner war, ist sie gar nicht auf die Idee gekommen, dass Mama und Papa vielleicht eines Tages nicht mehr zusammenleben wollten. Sie und Mama und Papa, sie waren ein unschlagbares Trio, und das hätte einfach so bleiben können, für immer und ewig.

»Aber ihr streitet euch doch gar nicht!«, hat Lea noch geheult.

»Gott sei Dank nicht«, hat ihr Vater gesagt. »Dann wäre ja alles noch viel schlimmer. Für uns alle. Außerdem haben wir gar keinen Grund, uns zu streiten. Wir sind doch keine Feinde. Wir mögen uns immer noch gerne.«

»Dann ist doch alles gut«, hat Lea geflüstert und genau gewusst, dass überhaupt nichts gut ist, heute nicht und überhaupt nie mehr.

»Wir sind doch erwachsene Menschen«, hat Leas Mutter gesagt. »Wir können vernünftig miteinander reden. Wir werden schon eine Lösung finden.«

Dann wurde wenigstens Lea wütend. »Ihr hättet eben heiraten sollen«, hat sie geschrien. »Dann hättet ihr zusammen bleiben müssen! Wenn man heiratet, verspricht man das nämlich!«

Dabei weiß sie, dass die ganze Versprecherei überhaupt nichts nützt. Die Eltern von Tobias waren nämlich richtig verheiratet, mit weißem Kleid und Torte und so, und trotzdem haben sie sich getrennt. Das ist sogar schon ein paar Jahre her.

»Später wirst du das verstehen«, hat Papa leise gesagt. »Im Moment ist es sehr schwer für uns alle.« Und dann hat er gesagt: »Ich werde nächste Woche in eine eigene Wohnung ziehen.«

Und in diesem Moment hat sich Lea zum ersten und einzigen Mal in ihrem Leben gewünscht, dass ihr Vater sich in ein Kaninchen verwandelt und Casper ihn über das ganze Feld hinter dem Hochspannungsmast hetzt, bis runter zum Graben. Über den müsste er dann springen, mitten in den Schlamm, und würde sich die Hose dreckig machen bis zu den Knien. So kindische Gedanken hatte Lea, und das, obwohl sie schon zehn war.

Morgen wird Lea elf.

Lea nimmt den Kopfhörer ab und schaltet den MP3 wieder aus.

»Kommst du morgen nach der Schule gleich mit zu mir?«, fragt sie Tobias.

Aber Tobias schüttelt den Kopf.

»Ich muss erst den Zwerg vom Kindergarten abholen«, sagt er. »Du willst doch bestimmt nicht, dass ich ihn mitbringe.«

»Bloß nicht!« Lea schüttelt den Kopf. Es ist ein bisschen gemein, denn der Zwerg, Tobias' kleiner Bruder, ist manchmal ganz lieb und fast nicht nervig. Aber auf Leas Geburtstagsfeier hat er nun mal überhaupt nichts verloren. Vor allem weil es überhaupt keine Geburtstagsfeier geben wird. Einen Kuchen wird es schon geben, darauf hat Leas Mutter bestanden, aber außer Tobias soll überhaupt niemand kommen. Man kann nicht ernsthaft Geburtstag feiern, wenn gerade die Welt untergeht.

Casper hebt das Bein an einem Blumenkübel. Lea bleibt stehen und sieht zu, wie der dunkle Streifen auf dem Blumenkübel immer breiter wird.

»Ich komm dann gleich nach dem Mittagessen«, verspricht Tobias. »Meine Mutter will mit dem Zwerg morgen Nachmittag zum Kinderarzt. Er braucht nämlich eine Impfung.«

»Der Arme.«

Tobias winkt ab. »Das hält der aus.«

»Du bist gemein.«

»Wenn du selber einen kleinen Bruder hättest, wär dir das Mitleid auch schon vergangen«, brummt Tobias. Er beugt sich zu Casper runter und zieht ihn am linken Ohr.

»Tschüss, Kleiner.«

Lea knufft er freundschaftlich in die Schulter. »Bis dann also.«

»Bis dann.«

Lea sieht Tobias noch nach. Er geht über den Kirchplatz und bleibt an der großen Straße vor der roten Ampel stehen. Als die Ampel grün wird, sieht Lea schnell weg. Sie schaltet ihren MP3 wieder ein und steckt sich die Stöpsel in die Ohren.

Sie bleibt am Zeitschriftenkiosk stehen und schaut, ohne richtig hinzusehen, die Titelseiten der Mädchenzeitschriften an. Die sind ihr viel zu rosa und albern und sie würde niemals eine kaufen. Aber sie hat es heute nicht eilig, nach Hause zu kommen. Mama und Papa wollen etwas mit ihr besprechen. Wenn nur wenigstens die Hoffnung bestünde, dass die beiden sich einfach wieder vertragen und alles wieder normal wird. Aber das geht ja jetzt nicht mehr, und schuld sind Martin, Mamas Freund, und Marie, Papas Freundin. Martin und Marie, das würde doch gut zusammenpassen. Sollen die beiden doch heiraten. Aber nein, sie müssen sich in fremde Familien einmischen. Martin ist ganz okay. Er hat ein bisschen traurige Augen und lacht trotzdem viel. Allerdings ist es komisch, dass er in Mama verliebt ist. Seine Frau ist nämlich erst vor zwei Jahren gestorben, und so schnell kann man jemanden, den man geliebt hat, doch nicht vergessen! Trotzdem, Martin wäre okay, wenn seine zwei kleinen Söhne nicht wären. Wenn er die mitbringt, versteckt sich Lea am liebsten in ihrem Zimmer. Sie waren auch schon mal alle zusammen im Urlaub, haben sich ein kleines Landhaus auf La Palma gemietet. Lea hat im Wohnzimmer geschlafen, weil es nicht genügend Zimmer für alle gab, und mit den beiden Bengels wollte sie auf keinen Fall in einem Raum stecken.

Aber gut. Martin ist so weit okay.

Anders liegt die Sache bei Marie. Marie ist für Papa viel zu jung, das sieht jeder. Sie ist absolut peinlich. Papa muss dauernd mit ihr Händchen halten und sie knutscht ihn mitten auf der Straße auf die Backe. Dann guckt Lea schnell weg, weil ihr Herz so schnell klopft und sie einen ganz heißen Kopf kriegt. Wenn sie länger hingucken würde, dann könnte es passieren, dass sie auf Marie zuspringt und ihr einfach eine klebt. Leider wäre dann sogar Papa sauer auf Lea. Wie hat die es bloß geschafft, ihren Papa so um den Finger zu wickeln? Was findet Papa bloß an ihr? Als könnte diese Ziege gegen Leas Mutter anstinken!

Wenigstens hat Marie keine Kinder. Das fehlte noch!

Leider ist Lea jetzt doch schon am Gartentor angekommen. Sie tritt das Tor mit dem Fuß auf und hakt Casper los. Der rennt sofort zum Goldfischteich und säuft hastig. Irgendwann verschluckt er sich an einem Goldfisch. Lea überlegt, ob man auch an ganzen Fischen ersticken kann oder nur an Fischgräten. Und während sie noch überlegt, hat ihre Mutter schon die Tür aufgemacht.

2.

Leas Mutter ist Logopädin. Das bedeutet, dass sie Leuten hilft, die einen Sprachfehler haben. Manchmal kommen Kinder zu ihr, die lispeln oder einzelne Buchstaben nicht richtig aussprechen können, aber meistens sind es ältere Leute, die nach einer Krankheit noch mal neu sprechen lernen müssen. Leas Mutter findet ihren Beruf immer noch ganz großartig, obwohl sie jetzt schon so viele lispelnde und stotternde Leute getroffen hat. Lea hat manchmal schon gedacht, dass ihre Mutter sicher enttäuscht war, dass ihre Tochter so überhaupt keinen Sprachfehler hatte. Sie hätte Lea bestimmt gerne ein bisschen therapiert.

Mittwochnachmittag hat die Logopädie-Praxis

geschlossen. Dann wurstelt Leas Mutter zu Hause vor sich hin, schreibt E-Mails an ihre Freundinnen und kocht was Gutes.

»Hallo, Maus.« Mama hält die Tür weit auf. Casper witscht als Erstes hinein. Lea geht ganz langsam die Stufen zur Haustür hoch.

»Hi.«

Ihre Mutter sieht sie prüfend an. »Was ist? Hast du dich mit Tobias gestritten?«

Lea schüttelt empört den Kopf. Wenn es einen Menschen gibt, auf den man sich verlassen kann, dann ist das Tobias. Der würde nie so einen Mist erzählen von wegen »auseinandergelebt« und »nicht im Weg stehen«. Allerdings sind Tobias und Lea ja auch kein Liebespaar, aber sie kennen sich schon fast fünf Jahre und sind die allerbesten Freunde, und dass die anderen Mädchen in der Klasse sich manchmal darüber lustig machen, ist Lea ganz egal.

Ihre Mutter geht zurück ins Wohnzimmer. »Papa kommt nachher.«

»Ich weiß«, sagt Lea gelangweilt.

»Zieh dich um, ich mach uns Tee.«

»Ich will keinen Tee.«

»Iss wenigstens einen Keks.« Ihre Mutter taucht wieder auf und wuschelt Lea durch die Haare. Lea ist schon beinahe so groß wie ihre

Mutter. Früher war das Durch-die-Haare-Wuscheln leichter.

Lea zieht ihre schmutzigen Schuhe aus. Sie geht in ihr Zimmer und holt ihre neue Jeans aus dem Schrank. Ihr Vater soll ruhig sehen, was für eine schicke Tochter er hat.

Casper ist mitgekommen. Er schnüffelt an der dreckigen Spaziergehhose. Dann kringelt er sich vor dem Bett zusammen.

»Papa kommt«, verkündet ihm Lea.

Casper wedelt schwach mit dem Schwanz.

Es klingelt an der Tür.

Lea findet es immer noch merkwürdig, dass ihr Papa klingelt, als wäre er der Postbote. Wenn ihre Eltern noch so gute Freunde sind, dann hätte er doch seinen Schlüssel behalten können, oder? Casper saust schon aus dem Zimmer, aber Lea wartet, bis ihr Vater an ihre Zimmertür klopft.

»Darf ich reinkommen?«

»Klar.«

Lea steht auf und lässt sich von ihrem Vater drücken. Auf die Backe küssen will sie ihn nicht mehr. Man kann ja nicht wissen, ob ihn die Ziege nicht gerade vorhin genau da hingeküsst hat. Igitt.

»Kommst du zu uns rüber?«, fragt Leas Vater, als sie sich wieder von ihm gelöst hat.

»Gleich.«

Beim Rausgehen sieht Leas Vater sich die Poster an den Wänden an, als hätte er sie noch nie bemerkt. In Leas Zimmer hängen lauter Sonnenuntergänge, rot und orange und sogar lila, mit Palmen und mit Wolkenkratzern und Brücken drauf. Ihre Mutter sagt, sie wird jedes Mal unheimlich schläfrig, wenn sie in Leas Zimmer kommt. Erwachsene sind eben nicht mehr romantisch. Man hat ja gesehen, wie das endet.

Ihre Mutter hat drei Tassen auf den kleinen Rattantisch vor dem Sofa gestellt und einen Teller mit Keksen, die wahrscheinlich keiner essen wird. Eigentlich mag keiner von ihnen trockene Kekse. Komisch, dass ihre Mutter manchmal ihre eigene Familie mit Besuchern verwechselt.

Papa setzt sich mit schrägem Blick auf die Teetasse.

»Ich hätte ja was anderes dabei«, sagt er.

»Was meinst du?«

»Moment.« Er geht hinaus in den Flur und holt seinen Rucksack. Und aus dem Rucksack zieht er eine Sektflasche.

»Was ist denn jetzt?«, fragt Leas Mutter. Ihre Stimme klingt unsicher. Leas Herz klopft so ganz unvernünftig. Vielleicht wird ja doch noch alles gut? Marie auf den Mond geschossen, Martin abgesägt, Mama und Papa wieder zusammen?

»Ich hab gedacht, wir brauchen Glück für den neuen Lebensabschnitt«, sagt Papa und nimmt so selbstverständlich zwei Sektgläser aus dem Schrank, als würde er doch noch hier wohnen. »Tut mir leid, Lea, du musst beim Tee bleiben.«

»Mir doch egal«, schnappt Lea.

»Hol dir doch wenigstens ein Glas Saft.«

»Nein.« Lea gießt sich Tee ein. Er ist grünlichbraun. Ihr Hoffnungsfunke glimmt noch einen kurzen Moment lang weiter und erlischt dann ganz.

»Wir wollten darüber reden, wie es mit uns allen weitergehen soll«, sagt Papa. Er nimmt die Sektflasche zwischen die Knie und zwirbelt am Drahtverschluss. Und so wie er »alle« sagt, ist Lea schon klar, dass es nicht nur um Mama und sie und Papa geht. Papa schweigt einen Moment, weil er sich auf den Sektkorken konzentriert. Mama lächelt Lea beruhigend zu. Dann ist der Korken draußen. Papa schenkt Mama ein und dann sich selbst.

»Prost«, sagt er und hebt das Glas.

»Prost worauf?«, fragt Leas Mutter.

»Das kommt gleich.«

Papa wendet sich an Lea.

»In unserem Leben ist ja in den letzten Monaten eine ganze Menge passiert«, beginnt er.

Lea nickt. Das kann man wohl sagen!

»Das Leben ist weitergegangen.« Papa guckt nachdenklich in sein Sektglas. »Wo ein Ende ist, ist immer ein Anfang.«

Lea verdreht die Augen. Papa war lange Jahre Messdiener und hat in der Kirche viele Predigten gehört. Manchmal geht es mit ihm durch. Aber da kommt er schon wieder zu sich und fährt fort.

»Deine Mutter und ich, wir haben uns in den letzten Wochen überlegt, wie es weitergehen soll. Du weißt, dass ich im Moment in einer kleinen Wohnung lebe und Marie auch noch in ihrer kleinen Wohnung.«

Lea nickt.

»Martin hat ein großes, leeres Haus und wir auch«, sagt Mama jetzt. Lea runzelt die Stirn. Seit wann ist ihr Haus denn leer? Papa hatte noch nicht mal ein eigenes Zimmer und seine ganzen Sachen stehen noch im Keller.

»Eine Weile kann man ja so leben.« Papa nimmt den Faden wieder auf. »Aber dann kommt der Moment, in dem man sich entscheiden muss.«

»Martin möchte schon lange, dass wir zu ihm ziehen«, sagt Mama.

Lea fängt an zu krächzen, als hätte sie schon einen halben trockenen Keks im Hals stecken.

»Ich will aber nicht!«

Als wäre sie fünf oder sechs Jahre alt und müsste zum Zahnarzt.

Papa legt ihr seine Hand auf die Haare.

»So schnell geht es ja auch nicht«, sagt er. »Aber wir müssen uns schon was einfallen lassen. Marie und ich, wir brauchen in Zukunft auch ein bisschen mehr Platz.« Er lächelt verlegen.

Mama setzt sich gerade hin. Ihr Gesicht ist ein einziges Fragezeichen. »Ich glaube, du hast mir noch gar nicht alles gesagt.«

Papa nimmt einen Schluck aus seinem Sektglas, dann sieht er Mama in die Augen.

»Nein. Ich wollte noch nichts sagen. Ich wollte noch mal abwarten … man weiß ja nie. Es war ja eigentlich auch nicht geplant. Jedenfalls nicht so schnell. Aber jetzt kann man wohl darüber reden.« Er holt tief Luft. »Wir bekommen ein Kind.«

Einen Moment lang ist es ganz still im Zimmer. Mama und Lea sitzen so reglos wie schockgefroren. Lea versucht, ohnmächtig zu werden, aber es gelingt nicht. Sie sieht, dass ihre Mutter das Sektglas beinahe im Würgegriff packt. Sie beobachtet auch, dass ihre Mutter einen Moment lang mit sich kämpft. Aber dann lächelt sie.

»Du Schurke.« Und sie nimmt Papa tatsächlich in den Arm und drückt ihn. »Ich wünsche euch viel Glück.«

Es ist wieder mal klar, dass Leas Mutter nicht normal ist. Sie kann sich doch nicht freuen, wenn eine fremde Frau ein Kind von Papa kriegt. Und dann ausgerechnet Marie, diese Ziege!

»Ihr spinnt doch alle!«, schreit Lea und rennt aus dem Zimmer.

Casper springt auf und galoppiert hinter ihr her.

3.

»Und jetzt wollt ihr denen das Haus geben?« Tobias runzelt die Stirn. Er sticht mit der Kuchengabel ein Stück Torte ab und steckt es in den Mund. Es ist sein drittes Stück. Lea hat noch keinen Bissen gegessen. Die sollen sich ihre Geburtstagstorte an den Hut stecken und die Geschenke noch dazu. Sie wird kein einziges auspacken, die sollen einfach da liegen bleiben bis sie hundert ist.

»Wir wollen überhaupt nicht«, sagt sie wütend. »Jedenfalls will ich nicht. Aber Papa will, und Mama meint, es ist okay, weil Martins Haus näher an ihrer Praxis liegt und er sowieso viel mehr Platz hat.«

»Deine Mutter ist echt komisch«, sagt Tobias

und wischt sich einen kleinen Sahneklecks von der Nase. »Meine hätte Papa nie im Leben das Haus überlassen. Na ja, wir haben ja gar kein Haus.« Er überlegt. »Mein Papa durfte überhaupt nicht mehr in die Wohnung. Sie hat ihm alle seine Sachen vor die Tür gestellt und ihn jedes Mal angebrüllt, wenn er kam.«

»Brüllt sie jetzt immer noch?«, fragt Lea. Tobias' Mutter ist eine kleine, rundliche Frau mit kurzen schwarzen Haaren. Sie lächelt immer, wenn Lea sie sieht. Schwer vorstellbar, dass so eine freundliche Frau in der Gegend herumbrüllen kann.

Tobias schüttelt den Kopf. »Sie reden nur das Nötigste«, sagt er. »Aber sie brüllen nicht mehr.« Er holt Luft. »Eigentlich ist es viel besser, wenn die Eltern sich noch vertragen«, sagt er.

»Hast du eine Ahnung!« Lea funkelt ihn böse an. »Und dafür müssen wir jetzt aus unserem Haus ausziehen!«

»Deine Mutter will sowieso ausziehen«, meint Tobias sachlich. »Zu ihrem Martin.«

»Und was hab ich damit zu tun?« Leas Stimme klingt so schrill, dass Casper verstört den Kopf hebt. Sie streichelt ihn beruhigend und spricht mit leiser Stimme weiter. »Ich will nicht hier ausziehen.«

»Vielleicht kannst du bei deinem Vater wohnen.«

»Bei der Ziege und ihrem Balg? Niemals.«

Tobias runzelt die Stirn. »Hey, du redest von deinem Bruder. Oder deiner Schwester.«

»Quatsch«, sagt Lea grob, obwohl sie natürlich weiß, dass es stimmt.

Tobias schielt nach der Torte und seufzt. »Mann, schade. Ich bin satt.«

»Kannst den Rest mitnehmen.«

»Nee. Deine Eltern wollen bestimmt auch was.« Tobias mustert die eingepackten Geschenke auf Leas Schreibtisch. »Hauptsache, du musst nicht auf eine andere Schule.«

Lea starrt ihn an. Daran hat sie noch überhaupt nicht gedacht! Martins Haus liegt am anderen Ende der Stadt! Wie soll sie von da aus in die Schule kommen?

»In eine andere Schule gehe ich nicht«, sagt sie mit fester Stimme. »Das können die sich komplett abschminken.«

»Hoffentlich.« Tobias grinst ein bisschen verlegen. »Hey, packst du mein Geschenk eigentlich auch nicht aus?«

»Doch, klar. Du hast ja nichts damit zu tun.«

Tobias zieht sein Geschenk aus dem Rucksack. Es ist sehr ordentlich eingepackt. Eine Karte mit vielen bunten Gummibärchen drauf hängt an dem Geschenkband.

Für Lea zum Geburtstag, hat Tobias auf die Rückseite geschrieben. Früher hat er auf seine Karten manchmal Herzchen gemalt. Seit einiger Zeit tut er das schon nicht mehr. Nicht weil er Lea weniger mag als früher, sondern weil er Herzchen jetzt total peinlich findet. Das Päckchen ist klein und weich. Lea reißt das Papier auf und ein kleiner roter Fuchs als Schlüsselanhänger kommt zum Vorschein.

»Total süß«, sagt Lea dankbar. Sie setzt den Fuchs so auf die Hand, dass er ihr in die Augen guckt. Er hat kleine schwarze Knopfaugen. Ihr Blick fällt auf den leeren Schlüsselring und ihr wird wieder ganz eng um die Brust.

Welcher Schlüssel soll in Zukunft da dran hängen? Welches Haus wird sie damit aufschließen und wer wird hinter der Tür warten?

Mama zieht zu Martin und seinen zwei schrecklichen kleinen Söhnen, Yuri und Jannis.

Papa zieht mit dieser Marie ins alte Haus und kriegt dann gleich noch ein Baby.

Und Lea? Lea will weder irgendwo ein- noch irgendwo ausziehen. Und mit fremden Leuten zusammenwohnen will sie schon überhaupt nicht.

Da ist Lea schon lieber ganz alleine.

Alleine mit Casper.

4.

Ein paar Tage nach ihrem Geburtstag erfährt Lea, dass sie gleich mehrere Schlüssel für ihren kleinen Fuchs bekommen soll.

»Dein Papa und ich, wir finden es wichtig, dass du zu keinem von uns beiden den Kontakt verlierst«, sagt Mama. »Anfangs ist es vielleicht ein bisschen umständlich, aber jetzt wo Papa auch ein Haus hat, kannst du abwechselnd bei uns beiden wohnen. Eine Woche hier und eine Woche da.«

Lea starrt auf den kleinen Fuchs. Sein ehemals weißes Halsfell ist schon ziemlich schmuddelig.

»Du hast dann eben zwei Familien.« Leas Mutter lächelt ein bisschen unsicher. »Lauter Geschwister. Das wolltest du doch immer.«

Lea wirft ihr einen vernichtenden Blick zu. Als sie in der zweiten Klasse war, hat sie sich einen großen Bruder gewünscht. Aber das kam nur daher, dass sie Angst vor den Jungs aus der Vierten hatte. Die haben sie im Pausenhof eine Weile jeden Tag geärgert. Tobias konnte auch nichts machen. Eines Tages haben sich die Jungs dann ein anderes Opfer gesucht, und danach hat Lea auch nicht mehr an den großen Bruder gedacht. Und von kleinen Brüdern oder gar Babys war überhaupt nie die Rede. Schon gar nicht von solchen, die überhaupt nicht die richtigen Geschwister sind.

»Und Casper?«, fragt Lea. »Und die Schule? Ich gehe nämlich nicht in eine andere Schule, auf gar keinen Fall.«

»Wir finden auch, dass du in deiner Schule bleiben solltest.« Leas Mutter lächelt, und Lea könnte rasend werden, weil sie nicht mal weiß, ob mit »wir« Mama und Papa gemeint sind oder Mama und Martin oder womöglich alle drei. Marie hat nichts mitzureden, das ist schon mal klar. »Und Casper – das werden wir ja dann sehen.«

Lea wird hellhörig. »Was werden wir sehen?«

»Wie es mit Casper am besten geht.«

»Casper bleibt immer bei mir.« Lea sieht ihre

Mutter herausfordernd an. »Ich mach das überhaupt nur mit, wenn Casper mit mir hin- und herwechselt.«

Ihre Mutter seufzt ein bisschen. »Wir werden sehen, wie das klappt.« Sie streicht Lea über die Haare. »Mach dir keine Sorgen. Martin hat nichts gegen Casper, und die Jungs finden es bestimmt großartig, wenn ein Hund ins Haus kommt.«

»Aber Casper ist mein Hund, der geht die gar nichts an!«, schreit Lea.

Mama runzelt die Stirn.

»Mit den Jungs wirst du dich schon vertragen«, sagt sie. »Die bewundern dich doch als große Schwester.«

»Ich bin nicht ihre Schwester!«

»Nein, natürlich nicht. Aber du bist … du weißt schon, was ich meine.«

»Nein.«

»Na gut.« Leas Mutter steht auf und macht einen Schritt in Richtung Zimmertür, aber dann dreht sie sich noch mal um.

»Wir sollten erst mal testen, wie das mit dem Hin und Her funktioniert. Sollte es auf Dauer nicht gut laufen, müssen wir weitersehen. Dann kannst du dich frei entscheiden, bei wem von uns du dauerhaft wohnen möchtest.« Sie lächelt schief. »Obwohl ich zugeben muss, dass ich es sehr schwierig fände, wenn du ausziehen würdest.«

»Ich will überhaupt nicht ausziehen«, sagt Lea düster. »Bei dir nicht und bei Papa auch nicht.«

»Ja, eben.« Ihre Mutter wirkt erleichtert. »So bleibst du irgendwie noch hier wohnen.«

Und sie geht aus dem Zimmer.

Klar, die halbe Lea darf im alten Haus wohnen bleiben. Die andere halbe Lea muss aber ausziehen, und es ist gar nicht einfach, zu entscheiden, welche Hälfte das sein soll. Lea wünscht sich, ihre ganzen Sachen – Möbel, Klamotten, Bücher, CDs, Poster – würden sich einfach verdoppeln, sodass sie in beiden Häusern das gleiche Zimmer hätte. Das kann sie sich aber schon mal abschminken. In Martins Haus soll sie nur ein kleines Zimmer kriegen. Im größeren Kinderzimmer schlafen die Jungs dann gemeinsam. Das ist ja schon ziemlich großzügig, deswegen kann Lea nicht mal richtig meckern, obwohl ihr danach ist.

Im alten Haus darf sie vorerst ihr Zimmer behalten. Das »vorerst« gefällt Lea überhaupt nicht. Was hat Marie vor? Will sie noch mehr

Kinder kriegen und Lea aus ihrem eigenen Haus drängen? Weiß ihr Vater von diesem miesen Plan?

Casper schnuppert an den Pappkisten, in die Lea eine Hälfte ihres Lebens verpackt. Die kleinere Hälfte, wegen des kleineren Zimmers und weil es merkwürdig ist, einfach in ein Haus einzuziehen, in dem fremde Leute wohnen.

»Wenn die uns blöd behandeln, ziehen wir ganz zu Papa«, verspricht Lea. Dabei ist ihr klar, dass es kein richtiges Zu-Papa-Ziehen mehr geben wird. Nur noch ein Zu-Papa-Marie-und-Baby-Ziehen, und das ist was völlig anderes.

Casper sieht Lea ratlos an. Er versteht natürlich überhaupt nicht, was hier los ist. Ihm macht das alles aber auch nicht so viel aus. Solange er immer bei Lea ist, ist er zufrieden.

Lea setzt sich zu ihm auf den Boden und krault ihm die Ohren.

»Hauptsache, du lässt die blöden Hasen in Ruhe«, sagt sie.

Die blöden Hasen sind überhaupt keine Hasen, sondern zwei Zwergkaninchen. Sie heißen Max und Moritz und gehören Martins Söhnen Yuri und Jannis. Max ist braun und Moritz schwarzweiß gescheckt. Casper findet beide gleich interessant. Am besten findet Casper offensichtlich, dass diese beiden Kaninchen nicht weglaufen können wie ihre frei lebenden Kollegen. Lea musste Casper schon ein paarmal ins Auto bringen, wenn sie bei Martin und den Jungs zu Besuch waren, weil er ständig hinter den Hasen her war. Wenn Mama zum Thema Casper »Wir werden sehen« sagt, dann denkt sie dabei natürlich auch an Max und Moritz.

Lea zupft an Caspers Ohren.

»Von mir aus könntest du sie ja fressen«, sagt sie düster. »Und die Jungs ins Bein beißen.«

Und das ist erstens gemein und zweitens gelogen. Denn natürlich findet Lea die beiden Kaninchen auch ziemlich süß. Die beiden Jungs findet sie dagegen ziemlich nervig, aber sie können auch nichts dafür, dass ihr Vater sich in Leas Mutter verliebt hat. Aber wenn man so wütend ist wie Lea, kann man nicht immer nur freundliche Sachen denken.

5.

Weil Leas Mutter mehr Sachen mitnimmt als Lea, kommt ein richtiger Möbelwagen. Packer in blauen Overalls laden Möbel und Kisten ein. In Leas Zimmer sehen sie sich erstaunt um.

»Du hast ja gar nicht alles eingepackt«, sagt einer von ihnen, ein dicker rothaariger Mann. »Kommst du nicht mit?«

Sein Kollege, ein blonder Riese, lacht laut, als hätte der Rothaarige einen guten Witz gemacht.

»Meine Sachen bleiben hier«, sagt Lea knapp. Wie soll sie dem Rothaarigen erklären, dass alles an ihrem Leben halbiert ist?

»Stimmt das denn?«, fragt der blonde Riese. »Wir haben noch Kisten dabei. Du kannst noch schnell alles zusammenräumen.«

»Fragen Sie doch meine Mutter.« Lea setzt sich auf ihr Bett.

»Und du?« Der Blonde lächelt. »Du kommst aber mit, oder?«

Lea zuckt mit den Schultern.

Der Blonde bückt sich und streichelt Casper. Casper hat die Ohren angelegt und drängt sich eng an Leas Beine. Die Packer sind ihm unheimlich. Er hätte sicher nie damit gerechnet, dass Leute kommen und alle Dinge aus der Wohnung tragen, und Lea und Leas Mutter stehen einfach dabei und tun nichts dagegen.

»Was ist damit?«, fragt der Rothaarige und zeigt auf Caspers Körbchen. »Den Hund lässt du doch sicher nicht hier.«

»Das kommt mit«, sagt Lea schnell. Dann springt sie auf. »Nein, das bleibt hier.« Sie sieht die Packer ratlos an. »Ich weiß nicht.«

»Ich frag den Hund.« Er bückt sich zu Casper. »Na, sollen wir dein Bett mitnehmen oder nicht?« Er greift nach dem Körbchen. Casper kläfft laut auf. Gut, dass er nicht zubeißt. Er schnappt wirklich nur nach Tieren, die keine Hunde sind.

»Ich glaube, es soll hierbleiben.« Der Packer richtet sich wieder auf. »Die paar Kisten hier nehmen wir schon mal.«

Er klemmt sich unter jeden Arm eine schwere Bücherkiste und geht aus dem Zimmer. Sein Kollege nimmt das leer geräumte Bücherregal und folgt ihm.

Lea guckt aus dem Fenster.

Sie kann sich noch erinnern, wie es war, als sie ganz klein war und noch nicht richtig aus dem Fenster gucken konnte. Sie konnte nur nach oben in den Himmel sehen. Damals musste sie sich noch auf die Zehenspitzen stellen, um den Lichtschalter zu erreichen. Der Garten war noch ein brauner Acker ohne Gras und Pflanzen mit herrlichen Pfützen und Erdhaufen zum Spielen.

Das Regal, das der Packer eben mitgenommen hat, hat ihr Vater selbst gebaut, als Lea in die Schule kam und mehr Platz für Bücher brauchte. Er hat sich dabei einmal heftig auf den Daumen gehauen und fürchterlich geflucht. Lea kriegte da ein ganz schlechtes Gewissen, weil ihr Vater sich ihretwegen wehgetan hatte. Sie weiß noch genau, wie es sich angefühlt hat und wie das neue Regal roch: nach frisch gesägtem Holz und Lack und Leim. Und dass ihre Mutter gesagt hat, er könne ihr doch auch mal eins bauen. Das wollte er dann auch machen. Aber er hat es nie gemacht. Und er wird es jetzt auch nie mehr machen. Er wird jetzt nur noch Regale für sein neues Baby bauen und womöglich für diese Marie.

Leas Mutter steht in der Tür. Sie ist blass und hat sich die Haare ganz streng hinter dem Kopf zusammengebunden. Das macht sie nur, wenn es ihr nicht gut geht und es keiner merken soll.

»Kommst du dann?«, fragt sie. »Wir fahren mit dem Auto schon mal vor. Martin bleibt hier, bis alles im Möbelwagen ist. Er kommt dann mit den Packern nach.«

Lea geht hinter ihrer Mutter her aus dem Haus, ohne sich noch mal umzusehen. Sie wird ja wiederkommen. Nächste Woche noch nicht, aber übernächste Woche, sobald ihr Vater es sich eingerichtet hat.

»Bis gleich, Lea«, ruft Martin ihr nach.

Aber sie guckt ihn gar nicht an.

»Komm, Casper«, sagt sie knapp und hängt die Leine von der Garderobe ab. Die Garderobe wird hierbleiben, weil Martin schon eine Garderobe hat.

Casper läuft voraus in den Garten, als würden sie einfach nur spazieren gehen.

6.

Zu Martins Haus fährt man mit dem Auto knapp zwanzig Minuten. Ungefähr gleich lang wird Lea mit dem Bus zur Schule brauchen, denn sie muss einmal umsteigen.

Das Haus liegt in einem älteren Wohnviertel mit vielen großen Bäumen. Es ist größer als das von Leas Eltern, denn Martin hat seine Praxis drin.

Hilde, Martins Mutter ist da. Sie passt oft auf die Jungs auf, wenn Martin arbeitet. Lea hat sie erst einmal getroffen. Das war an Martins Geburtstag. Da ist ihr nur aufgefallen, dass sie sehr viel redet und wieselflink Tische abräumen und wieder ordentlich decken kann.

Ihre eigenen Großeltern wohnen weit weg.

Sie sind vor ein paar Jahren an die Nordsee gezogen, weil das Klima dort besser für sie ist.

»Dürfen Oma und Opa uns eigentlich bei Martin besuchen?«, fragt Lea.

Ihre Mutter, die gerade das Auto in die Einfahrt bugsiert, wirft ihr einen kurzen, verblüfften Blick zu.

»Natürlich, was denkst du denn? Wir wohnen doch ganz normal hier.«

»Sie sind aber nur meine Großeltern, nicht die von den Jungs.«

»Ja, natürlich. Hilde ist ja auch nicht deine Großmutter.«

»Muss ich sie in Zukunft zum Geburtstag einladen?«

Ihre Mutter macht den Motor aus und löst den Sicherheitsgurt. Sie wendet sich Lea zu und legt ihr eine Hand auf die Schulter.

»Mach dir doch nicht so viele Gedanken. Lass es einfach mal kommen. Wir werden sehen, wie sich alles entwickelt.«

Da geht schon die Haustür auf. Hilde stürmt heraus.

»Herzlich willkommen!«, ruft sie. Dann wendet sie sich zu den Jungs um, die dicht hinter ihr stehen. »Ihr wolltet den beiden doch was geben.«

Jetzt drücken sich Yuri und Jannis an ihrer Großmutter vorbei. Jeder von ihnen hat ein kleines Sträußchen Gartenblumen in der Hand.

»Die haben sie für euch gepflückt«, sagt Hilde stolz. Sie sieht Lea an. Lea hat für die Jungs nichts mitgebracht.

Casper hüpft aus dem Auto, schüttelt sich und sieht sich interessiert um. Sicher fällt ihm gleich ein, dass das hier der Garten mit den leckeren Kaninchen ist.

»Nimm ihn an die Leine«, zischt Mama. Sie ist ein bisschen rötlich im Gesicht, als Yuri ihr sein Blumensträußchen übergibt. »Vielen Dank«, sagt sie und drückt Yuri. Yuri wehrt sich ein bisschen, aber er grinst.

Lea starrt ihre Mutter an. Sie kriegt kaum mit, dass Jannis ihr seinerseits einen Strauß in die Hand drückt und irgendwas nuschelt, was wie »millkomm« klingt. Wieso hat sie bloß noch keinen Moment daran gedacht, dass sie nicht nur Casper mit den Jungs teilen soll, sondern auch ihre Mutter?

Yuri und Jannis haben keine Mutter mehr. Sie sind Halbwaisen. Ihre Mutter ist vor zwei Jahren bei einem Autounfall gestorben. Jannis, der jetzt fünf ist, war auch im Auto. Ihm ist aber nichts passiert außer ein paar Prellungen, und Leas Mutter hat gesagt, dass Jannis nie über den Unfall gesprochen hat. Er hat nie geschrien und nie geweint. Martin meint, dass sich Jannis wahrscheinlich gar nicht mehr an seine Mutter erinnern kann. Das ist ziemlich gruselig, findet Lea. Sie beobachtet Jannis immer sehr misstrauisch. Irgendwie rechnet sie damit, dass er plötzlich anfängt zu schreien. Irgendwann muss man doch losschreien, wenn man so etwas Schlimmes erlebt hat.

Weil die Jungs so was Schweres hinter sich haben, kann Lea sie auch nicht ganz so von Herzen doof finden, wie sie es gerne täte. Tobias kann nach Herzenslust über den Zwerg lästern, aber sie selbst muss immer etwas Nettes über die beiden Jungs sagen. Mal sehen, wie lange sie das durchhält.

Natürlich darf Lea auch nicht eifersüchtig sein. Schließlich müssen die Jungs von jetzt an auch ihren Vater mit Lea teilen.

Bloß ist das was anderes. Lea hat ja noch einen richtigen Vater, und sie wird nie im Leben zu so einem wie Martin »Papa« sagen, auch wenn er noch so nett zu ihr ist.

»Kommt doch rein«, sagt Hilde und geht einen Schritt zurück. »Ihr seid ja jetzt sozusagen hier zu Hause.« Sie lacht ein bisschen, als wäre das ein Scherz, den sie noch nicht ganz verstanden hat.

Lea nimmt Casper an die Leine.

»Darf ich ihn streicheln?«, fragt Yuri.

Lea zuckt mit den Schultern. Yuri hält Casper die Hand hin. Casper schnuppert daran und wedelt mit dem Schwanz. Yuri streichelt ihm den Rücken, vom Halsband bis zur Schwanzwurzel. Casper grunzt zufrieden. Yuri wendet sich zu seinem kleinen Bruder um.

»Jetzt haben wir einen Hund!«, sagt er.

Jannis versteckt die Hände auf dem Rücken und sieht Casper forschend an.

Lea spürt, wie Wut in ihr aufsteigt. Die haben keinen Hund! Casper ist immer noch ihr Hund!

Aber man darf nicht gleich am ersten Tag Streit mit zwei Halbwaisen anfangen.

Casper klebt seine Nase an den Boden und schnaubt. Er spitzt die Ohren, seine Augen funkeln.

»Er riecht die Kaninchen«, sagt Hilde. »Am besten bringst du ihn gleich ins Haus und passt auf, dass er nicht in den Garten läuft.«

»Max und Moritz sind doch im Gehege«, sagt Yuri. »Da kann er gar nicht dran.«

»Aber die Kaninchen könnten einen Herzschlag kriegen«, sagt Hilde. »Stellt euch mal vor, wie die sich fühlen, wenn plötzlich so ein Monster mit spitzen Zähnen vor ihnen steht.«

Jannis kriegt kugelrunde Augen und steckt sich eine Faust in den Mund. Yuri sieht Casper an.

»Du tust denen doch nichts, oder?«, fragt er. »Du bist doch bestimmt ganz lieb. Sonst kannst du doch gar nicht bei uns wohnen.«

»Na, das wird was werden.« Hilde dreht sich um und seufzt.

Leas Mutter reißt die Heckklappe auf und stellt Taschen und Koffer auf den Boden.

»Trägst du schon mal was rein?«, fragt sie Lea freundlich.

Lea zuckt mit den Schultern und nimmt eine von Mamas Reisetaschen.

»Wohin?«

»Ins Schlafzimmer.«

»Welches?« Eigentlich weiß Lea das ganz genau.

»Martins. Meins. Unseres.« Leas Mutter lacht ein bisschen. »Erster Stock zweite Tür links, wenn du es genau wissen musst.«

Lea nickt nur. Hilde tritt zur Seite, als Lea mit Casper auf der einen Seite, die dicke Reisetasche an der anderen Seite an ihr vorbeikommt.

»Ich mach Kaffee«, sagt sie. »Martin kommt doch bestimmt auch gleich.«

»Er fährt mit dem Möbelwagen mit«, erklärt Mama. Sie nimmt in jede Hand einen Koffer und folgt Lea ins Haus.

7.

Dass Casper ausgebüxt ist, merkt Lea erst, als im Garten das Geschrei losgeht. Eben noch haben sie ganz gemütlich am Kaffeetisch gesessen. Hilde hatte Apfelkuchen gebacken und Leas Mutter versprochen, dass sie ihr das Rezept dafür geben wird, obwohl es ein ganz altes Familienrezept ist. Martin hat Lea die Hand gedrückt und ihr gesagt, dass er sich freut, dass sie nun bei ihm wohnen wird und dass sie sich bestimmt alle sehr gut vertragen. Und Leas Mutter hat er natürlich wieder verliebt angesehen und in den Arm genommen und sogar ein bisschen geküsst. Lea hat schnell in eine andere Richtung geguckt, und Hilde ist aufgestanden und in die Küche gegangen, um die Kaffeekanne nachzufüllen. Die Jungs haben gekichert und die Schlagsahneschüssel ausgeleckt und Casper hat doch gerade eben noch unter dem Tisch gelegen und alle nacheinander mit der Schnauze angestupst, damit sie endlich mal was Leckeres fallen lassen.

Dann sind die beiden Jungs in den Garten gegangen. Sie wollten, dass Lea mitkommt und mit ihnen Ball spielt, aber zu so was hatte Lea jetzt wirklich gar keine Lust. Dafür ist Casper ausgebüxt. Der spielt sehr gerne Ball und kann es sowieso nicht leiden, unter einem Tisch zu liegen, von dem nichts mehr runterfallen kann – Hilde hat nämlich bereits wieder abgeräumt.

Man kann es Casper nicht übel nehmen, und außerdem sind die Jungs schuld, weil sie die Tür aufgelassen haben.

Und dass Casper einen ausgeprägten Jagdinstinkt hat und Max und Moritz nicht von normalen Kaninchen unterscheiden kann, das weiß doch eigentlich jeder.

Jannis und Yuri hätten doch nicht gleich so losbrüllen müssen, nur weil Casper versucht hat, sich unter dem Kaninchendraht durchzubuddeln! Casper ist zwar nicht groß, aber es hätte schon eine ganze Weile gedauert, bis das Loch groß genug für ihn gewesen wäre.

Als Lea in den Garten rast, hat Yuri Casper

am Halsband gepackt und hält ihn daran hoch in die Luft wie ein Henker. Casper japst und keucht und seine Vorderpfoten bewegen sich, als würde er in der Luft weiterbuddeln. Jannis steht daneben und schreit wie am Spieß. Max und Moritz liegen platt gedrückt mit weit aufgerissenen Augen an der Rückwand ihres Geheges.

»Lass Casper los!«, schreit Lea und packt ihrerseits Yuri am Wickel.

»Der macht Max tot!«, schreit Jannis. Sein Gesicht ist rot wie eine Tomate und tränenüberströmt. »Moritz ist schon tot!«

Lea wirft schnell einen Blick auf die Kaninchen. Sie sehen nicht sehr fit aus, aber sie atmen jedenfalls stoßweise. Endlich gelingt es ihr, Yuris Griff an Caspers Halsband zu lösen. Casper legt sich genauso platt auf den Boden wie die Kaninchen.

»Euren blöden Hasen ist doch gar nichts passiert!«, faucht Lea.

»Sie sind tot, sie sind ganz bestimmt tot!« Jannis schreit so laut, dass sogar Yuri zusammenzuckt. Lea möchte ihm am liebsten eine kleben.

»Halt doch die Klappe!«, giftet sie ihn an. »Du spinnst wohl!«

Und genau in diesem Moment taucht Martin im Garten auf.

»Was ist denn hier los?«

»Casper hat Max totgemacht!«, heult Yuri.

»Was?«

Lea hat Martin noch nie wütend gesehen. Angenervt, ja, das schon. Wenn die Jungs am Esstisch Blödsinn machen oder der Nachbar wieder mal Rasen mäht, wenn Martin sich gerade gemütlich in den Liegestuhl gelegt hat. Aber so richtig wütend, dass ihm rote Blitze aus den Augen zucken – wenn sie das jemals vorher gesehen hätte, wäre sie garantiert nicht hier eingezogen. Wer weiß, ob Martin nicht so einer ist, der Kinder verprügelt. So gut kennt Mama ihn ja noch nicht.

»Den blöden Hasen ist doch gar nichts passiert!« Leider schreit Lea jetzt auch. Sie hat eigentlich keinen Grund zum Schreien. Es wäre viel besser, wenn sie ruhig bleiben und sich für Casper entschuldigen würde. Aber sie schafft es eben nicht immer, das Bessere zu machen. Erwachsene schaffen das ja auch nicht.

Martin steht jetzt am Gehege und hakt den Deckel los. Er wirft Lea einen wilden Blick zu, der wahrscheinlich bedeutet, dass sie Casper bloß festhalten soll, sonst kann sie glatt wieder ausziehen. Lea nimmt Casper auf den Arm. Er strampelt und fiept und verdreht wild die Augen. Jetzt, wo der Weg zu den Kaninchen frei ist, muss Lea ihn festhalten! Das soll ein Hund verstehen.

Martin legt vorsichtig seine Hand auf den platten Max.

»Er lebt noch«, sagt er erleichtert. »Er hat sich nur erschreckt.«

Wieder der wilde Blick: »Tu den Hund jetzt weg.«

»Wohin denn?«

»Mir egal. Am besten ins Auto.«

»Aber er kann nicht im Auto wohnen.« Lea kann es nicht ändern, dass ihr die Tränen kommen.

»Tu ihn jetzt einfach mal ins Auto, ja? Diskutiert wird später.«

Lea dreht sich um. Casper zappelt immer noch. Er kläfft ein paarmal.

»Halt bloß die Klappe!«, faucht sie ihn an.

Da ist Casper ruhig. Er hechelt nur noch und zittert am ganzen Körper. Um Casper macht sich natürlich keiner Sorgen. Könnte ja auch sein, dass er sich über die blöden Hasen so aufregt, dass er einen Herzschlag kriegt.

Das Auto ist nicht abgeschlossen. Lea klappt

die Beifahrertür auf und lädt Casper auf dem Sitz ab. Weil sie keinen Schlüssel hat, kann sie nicht mal das Autofenster einen Spalt aufmachen. Aber es ist ja sowieso nur allen recht, wenn Casper hier drin erstickt.

»Mach Platz«, sagt Lea zu Casper. Casper springt auf den Fahrersitz. Lea setzt sich ins Auto und Casper krabbelt sofort wieder auf ihren Schoß.

Lea schaltet das Autoradio ein und drückt ein paar Sender durch.

Endlich findet sie einen Sender, der das richtige Lied spielt, einen Country-Song, mit viel Banjo und Gitarre und einem Text, in dem ständig »far from home« vorkommt. Far from home, weit weg von zu Hause, so fühlt sich Lea auch. Wenn sie ein Pferd hätte, würde sie Casper vor sich auf den Sattel setzen und einfach in den Sonnenuntergang reiten.

8.

Es klopft an die Fensterscheibe. Casper stellt sich mit gespitzten Ohren auf Leas Schoß. Sie kann fühlen, wie jede einzelne seiner Krallen in ihr Bein drückt.

»Komm raus!«, ruft Mama. Sie muss ziemlich laut rufen, denn Lea hat die Musik immer noch ganz laut gestellt. Inzwischen läuft ein Lied von den Rolling Stones, das kennt sie von Papas alter Schallplattensammlung.

Mama macht die Tür auf und Casper springt sofort aus dem Auto. Leas Mutter hält ihn am Halsband fest, damit er nicht gleich wieder auf die Jagd geht. Sie beugt sich vor und schaltet das Autoradio aus.

»Komm jetzt rein«, sagt sie ruhig.

»Nein.«

Mama legt ihr eine Hand auf den Arm. »Jetzt stell dich nicht so an. Dir macht doch niemand einen Vorwurf.«

»Doch. Martin. Martin kann Casper nicht leiden.«

Mama geht in die Hocke, sodass sie Lea in die Augen sehen kann.

»Du musst das verstehen«, sagt sie. »Yuri und Jannis haben ihre Mutter verloren. Kurz vor ihrem Tod hat sie ihnen die Kaninchen geschenkt. Max und Moritz sind für Yuri und Jannis irgendwie ein Trost, eine Erinnerung an ihre Mutter. Martin weiß, was das für die Jungs bedeutet. Deswegen ist er vorhin so ausgerastet. Es tut ihm leid.«

»Glaub ich nicht. Und wenn Casper im Auto bleiben muss, bleibe ich auch im Auto.«

»Casper kann doch sowieso nicht im Auto bleiben. Wenn die Umzugsleute weg sind und wir die Haustür wieder zumachen können, bringst du ihn wieder rüber und passt auf, dass er nicht noch mal ausbüxt. Vielleicht gewöhnen sich die Tiere ja aneinander.«

Sie lächelt und streicht Lea über die Haare. »Nun komm schon. Du musst ja noch ein ganzes Zimmer einräumen. Die Packer wollen wissen, wo sie die Möbel hinstellen sollen, und das will ich nicht ohne dich entscheiden.«

Lea zuckt mit den Schultern.

»Hast du den Autoschlüssel da?«

»Warum – willst du wegfahren?«

Lea streckt einfach die Hand aus. Ihre Mutter lässt den Autoschlüssel hineinfallen. Lea steckt den Schlüssel ins Zündschloss und dreht ihn so weit, dass sie die Fensterscheibe einen Spalt runterlassen kann.

»Ach so«, sagt ihre Mutter. »Na ja. So lange muss er ja nicht hier drin bleiben. Und das Auto steht nicht in der prallen Sonne.«

Lea steigt aus.

»Hopp!«, sagt sie zu Casper und klopft mit der flachen Hand auf den Autositz. Casper sieht sie verständnislos an, springt aber wieder ins Auto. Lea klappt die Tür zu. Sie fühlt sich wie eine Verräterin.

»Casper ist für mich auch eine Erinnerung«, sagt sie trotzig. Obwohl man ihr Unglück mit dem der beiden Jungs, die ihre Mutter richtig verloren haben, nicht vergleichen kann.

»Ich weiß«, sagt ihre Mutter leise. »Es sagt ja auch keiner, dass du Casper weggeben sollst. Lass uns erst mal hier ankommen, es wird sich schon alles finden.«

Gerade tragen die Umzugsleute die geschnitzte Truhe aus dem Wohnzimmer ins Haus. Hilde steht gerade wie ein Stock an der Haustür und beobachtet alles.

»Die schönen Sachen«, sagt sie zu Leas Mutter, als die beiden ankommen. »Wo sollen wir das bloß alles hinstellen?«

»Wir werden schon was finden«, sagt Leas Mutter, und Lea hört, wie angespannt sie ist. »Martin hat ja versprochen, dass er ein bisschen Platz schafft. Ich hatte schließlich bis jetzt auch meinen eigenen Haushalt.«

Hilde nickt. Wenn sie nickt, kriegt sie kleine Krötenfalten unterm Kinn.

»Das wird nicht einfach sein. Schließlich haben Martin und seine Frau damals das Haus perfekt eingerichtet. Es ist sicher schwierig für ihn, sich von diesen Sachen zu trennen.«

»Wir beide werden das schon regeln«, sagt Leas Mutter betont munter und schiebt sich an Hilde vorbei. »Komm Lea, sonst steht dein Schreibtisch doch an der falschen Wand.«

Dabei hat Lea ihren Schreibtisch überhaupt nicht mitgenommen.

9.

Beim Abendessen hat sich die Sache schon ein kleines bisschen beruhigt. Casper durfte wieder ins Haus kommen, ist aber am Tischbein angeleint, damit er nicht abhauen kann. Überall stehen noch Kartons und Taschen herum.

Hilde ist nach Hause gefahren, nachdem sie Casper noch mal einen bösen Blick zugeworfen hat.

Die beiden Jungs sitzen am Tisch und rühren Spaghetti um und machen Blödsinn, als hätte das Drama mit den Kaninchen überhaupt nie stattgefunden.

Martin hat eine Flasche Sekt aus dem Kühlschrank geholt und schenkt Leas Mutter ein.

»Das ist ein besonderer Tag für uns alle«, sagt

er feierlich. »Herzlich willkommen in eurem neuen Zuhause.«

Er stößt mit Leas Mutter an und prostet auch Lea zu. Jetzt wollen natürlich die beiden Jungs mit ihren Saftgläsern anstoßen. Es scheppert gefährlich, aber die Sektgläser bleiben ganz. Leas Mutter hat glänzende Augen und rote Bäckchen. Sie trinkt einen Schluck Sekt und stellt das Glas wieder ab.

»Ich bin so durcheinander«, sagt sie. »Ich muss mich erst an das alles gewöhnen.« Sie lacht nervös.

»Wir helfen dir alle dabei.« Martin sieht Lea an. »Lea, ich hoffe, dass du dich bei uns wohlfühlst. Die Jungs freuen sich jedenfalls, dass sie jetzt eine große Schwester haben.«

Lea zuckt mit den Schultern.

»Große Schwestern sind blöd«, sagt Yuri. »Lukas hat zwei große Schwestern, die ärgern ihn immer.«

»Lea ärgert dich bestimmt nicht«, versichert Leas Mutter.

Casper versucht, in Richtung Sofa zu gehen und verheddert sich mit der Leine an Leas Stuhlbein.

»Kann ich ihn nicht loslassen?«, fragt Lea.

»Aufs Sofa darf er sowieso nicht«, sagt Martin. »Lass ihn erst mal hier.«

Lea nickt stumm und schaut auf ihren noch leeren Teller.

»Dann wollen wir anfangen«, sagt Martin munter. »Wer möchte Salat?«

»Bäh«, macht Jannis, und Yuri streckt die Zunge raus.

»Ich gerne«, sagt Leas Mutter und sieht Lea an. »Du doch auch, oder?«

Lea nickt wieder. Sie fischt ein Stück Baguette aus dem Korb und zerpflückt es langsam, bis auf ihrem Teller nur noch kleine Bröckchen liegen. Sie steckt Casper eins der Bröckchen zu und erntet einen vorwurfsvollen Blick von Martin. Er sagt aber nichts, wahrscheinlich weil er den feierlichen Augenblick nicht zerstören will. Entschlossen hält Lea Casper den ganzen Teller zum Ablecken hin.

»Lea!«, sagt Leas Mutter entsetzt. »Was machst du denn da, um Himmels willen.«

Sie richtet sich auf und blinzelt unschuldig. »Wieso? Das mach ich doch immer so.«

Martin lacht, aber es klingt ein bisschen gezwungen.

»Hol doch noch einen eigenen Teller für dich aus der Küche«, sagt er zu Lea. »Wir haben genug Geschirr für alle.«

»Was ist mit unserem Geschirr?«, fragt Lea.

Mama stochert in ihrem Salat. »Das nimmt Papa. Es ist ja sonst nichts da.«

»Und meine Schweinchentasse?«

Die Schweinchentasse hat Tobias Lea zu Weihnachten geschenkt. Lea findet Schweinchen ziemlich witzig.

»Die kannst du ja herholen. Du kannst sie natürlich auch bei Papa lassen. Musst du selbst wissen.«

»Ich brauch noch eine zweite«, stellt Lea fest.

Ihre Mutter wirft ihr einen nachdenklichen Blick zu.

»Man kann nicht alles doppelt haben«, sagt sie.

Lea zuckt mit den Schultern und nimmt sich eine Cocktailtomate. Casper wedelt mit dem Schwanz, denn Cocktailtomaten frisst er auch sehr gern. Aber Lea traut sich jetzt nicht mehr, sie ihm zuzuwerfen.

10.

Lea könnte Tobias auf den Mond schießen. Er kapiert überhaupt nicht, wie ernst die ganze Situation ist. Als Lea ihm von Caspers Jagd auf die Kaninchen erzählt, lacht er sich erst mal kaputt.

»Ist ja wie im Film!«, prustet er. »Ich kann's mir vorstellen – alle stehen rum und schreien und die Hasen liegen platt wie Pfannkuchen im Gras …«

»Du bist vielleicht bescheuert!« Lea versucht, ebenso gefährliche Blitze aus den Augen zucken zu lassen wie Martin. »Es ist alles eine Katastrophe. Ich will überhaupt nicht bei diesen Leuten wohnen.«

»Du kennst sie ja noch gar nicht richtig.«

»Eben!«

Gegen dieses »eben« kann Tobias nicht viel sagen. Er macht einen Schritt auf die Straße, um nachzusehen, ob der Bus schon kommt.

»Du wirst es ja gleich sehen.«

Tobias nickt. »Gibt es Hasenbraten?«

»Haha, sehr witzig. Sag bloß nicht so was zu den Jungs, sonst fliegst du raus. Die Kaninchen sind in diesem Haus nämlich heilig.«

»Oh.« Tobias grinst. »Ich dachte, nur Kühe können heilig sein.«

»Kühe haben sie nicht.«

»Schade.«

Der Bus kommt. Um diese Zeit ist er nicht sehr voll. Morgens, wenn Lea zur Schule fährt, ist es viel schlimmer. Da quetschen sich die Schüler in ihren morgenfeuchten Klamotten dicht wie die Heringe im Netz. Man kann kaum den Rucksack abstellen, und wenn einer, der weit hinten steht, aussteigen will, gibt es ein Riesengedränge. Früher war alles viel einfacher. Da konnte Lea einfach mit dem Fahrrad in fünf Minuten in die Schule fahren. Und wenn sie einen Platten hatte, hat sie es zu Fuß auch noch geschafft.

Lea seufzt.

»Was ist los?«, fragt Tobias. Die Bustüren sind schon aufgegangen.

»Können wir nicht die Zeit zurückdrehen?«, fragt Lea. »So ungefähr ein Jahr?«

»Dann hättest du den ganzen Ärger noch vor dir.« Tobias steigt schon ein. Lea folgt ihm. Sie gehen durch bis zur hintersten Bank und lassen sich in die Polster fallen, als der Bus anfährt.

»Ich meine«, fängt sie noch mal an, »ein Jahr zurückdrehen und dann anhalten. Dann wären meine Eltern noch zusammen und wir würden einfach in unserem Haus wohnen.«

Tobias überlegt. »Dann würdest du aber ewig zehn Jahre alt bleiben.«

Der Bus quetscht sich an einer Straßenbahn vorbei. Die Menschen in der Straßenbahn sehen sich eine Sekunde lang von ganz Nahem die Menschen im Bus an und umgekehrt. Lea sieht schnell weg. Sie hat immer noch das Gefühl, im falschen Bus zu sitzen.

»Ich weiß nicht, wie alt ich sein möchte«, sagt sie. »Eigentlich möchte ich überhaupt kein bestimmtes Alter haben. Ich möchte nur, dass alles in Ordnung ist.«

Tobias nickt.

»Aber bei mir zu Hause ist eigentlich auch alles so weit in Ordnung«, sagt er. »Vielleicht wäre es schöner, wenn mein Vater noch da wäre. Vielleicht wäre es aber auch schlechter. Das weiß man nicht.« Er holt tief Luft. »Und wo ist Casper jetzt? In die Garage gesperrt?«

Lea schüttelt den Kopf. »Mama hat noch Urlaub«, sagt sie. »Sie passt auf ihn auf. Ich hab eine Woche Zeit, ihn an die Hasen zu gewöhnen.«

Sie sagt »Hasen«, obwohl sie es sonst mit den Tierarten sehr genau nimmt.

»Und wenn es nicht klappt?«

»Es muss klappen. Ich gebe Casper nicht weg.«

»Klar.«

Tobias findet das neue Haus erst mal klasse. Die Jungs beachtet er nicht weiter, kleine Jungs ist er von seinem eigenen Bruder her ja gewöhnt. Casper springt begeistert an Tobias hoch.

»Na, du Hasenkiller«, sagt Tobias und packt ihn spielerisch am Nackenfell.

»Sei bloß ruhig.« Leas Mutter schüttelt den Kopf. »Ich bin schon völlig fertig mit den Nerven. Wenn ich in Richtung Haustür gehe, klebt Casper an mir wie eine Klette. Ich musste ihn schon wieder am Wohnzimmertisch festbinden, damit er nicht rausläuft.

»Armes Schwein«, sagt Tobias. »Aber wir bringen es ihm schon bei, Lea und ich.«

»Na hoffentlich.« Mama verschwindet in der

Küche. »Das Essen wäre eigentlich schon fertig«, ruft sie. »Aber ich finde ja hier nichts. In meiner eigenen Küche hätte ich es rechtzeitig geschafft.« Sie verstummt abrupt. Wahrscheinlich ist ihr gerade eingefallen, dass das hier jetzt ihre eigene Küche ist.

»Und wo ist jetzt dein Zimmer?«

»Das ist winzig.«

»Ich will es trotzdem sehen.«

»Okay.« Lea dreht sich um. Ihre Mutter ist schon wieder in der Küchentür aufgetaucht. Sie wischt sich eine nasse Hand an der Hose ab.

»Das ist nur eine Notlösung. Martin meint, wir könnten den Dachboden ausbauen, damit alle drei Kinder Platz haben. Aber das dauert noch einen Moment.«

Unters Dach soll Lea also ziehen, zu den Spinnen und Ratten! Warum nicht gleich in den Keller? Vielleicht gibt es hier einen Kohlenkeller, wo Stiefkinder wie Lea ja hingehören.

Lea weiß genau, dass sie gerade bodenlos ungerecht ist, aber es ist ihr egal.

Tobias findet Leas Zimmer gar nicht so schlimm.

»Und wo sind jetzt die heiligen Kaninchen?«, fragt er, als er alles gesehen hat.

»Im Garten.«

»Halten die das aus?«
»Quatschkopp.«

Nach dem Essen fängt Caspers Unterricht an.

Lea nimmt Casper vorsichtshalber an die Leine, bevor sie mit ihm in den Garten geht.

»Ich nehm ein Kaninchen auf den Arm«, sagt Tobias.

»Nimm Moritz.«

»Welcher ist das?«

»Der schwarz-weiße.«

Tobias hakt das Gatter auf und fängt Moritz ein. Er verschließt das Gatter wieder und kommt mit Moritz auf dem Arm langsam näher. Lea kauert sich neben Casper, der sich schon wieder fast an seinem Halsband erwürgt, und nimmt ihn in den Arm.

»Ganz brav«, sagt sie zu ihm. »Der Hase gehört zur Familie, siehst du? Du darfst ihm nichts tun.«

Casper kläfft in den höchsten Tönen. Er hat offenbar nur verstanden, dass Tobias das Kaninchen alleine fressen will.

»Moritz zittert«, stellt Tobias fest. »Das hat so keinen Sinn.«

»Ruhig, Casper.« Lea drückt den Hund an sich. »Den darfst du nicht jagen. Er gehört den

Jungs, verstehst du? Du darfst den Kaninchen nichts tun.«

»Ich setz ihn lieber zurück«, sagt Tobias. »Sonst kriegt er auf meinem Arm noch einen Herzschlag.«

»Mist.« Lea steht auf. »Das hat so gar keinen Sinn.«

»Man muss das öfters wiederholen.« Tobias setzt Moritz zurück ins Gatter. »Vielleicht kapiert er's auf die Dauer.«

»Vorher kriegen die Kaninchen eine Nervenkrise.«

Tobias zuckt mit den Schultern.

»Das wird schwierig«, gibt er immerhin zu. »Ich glaube, die muss man immer getrennt halten.«

»Wie soll das denn gehen?« Lea lässt sich ins Gras sinken. »Im Winter sind die im Haus. Und ich muss Casper im Sommer ja auch mal in den Garten lassen.«

»Wie alt sind die denn?«, fragt Tobias, der mal wieder praktisch denkt. »Kaninchen werden ja nicht so sehr alt.«

»Ich glaube, die sind erst zwei oder drei.«

»Manchmal laufen Kaninchen auch weg.«

»Dann kriegen die Jungs einen Anfall. Die Kaninchen sind eine Erinnerung an ihre Mutter, sagt Martin.«

»Auweia.« Tobias setzt sich neben Lea. Casper legt sich auch hin. Er hält den Blick starr auf die Kaninchen gerichtet, seine Hinterbeine zittern.

»Vielleicht kann man ihm einen Maulkorb anlegen.« Tobias sieht Lea an.

»Spinnst du? Außerdem geht es ja darum, dass die Kaninchen keinen Herzschlag kriegen.«

»Stimmt auch wieder.«

Lea sieht zu, wie Max an einer Karotte mümmelt. Niedlich eigentlich. Trotzdem kann Lea in diesem Moment Kaninchen auf den Tod nicht ausstehen.

11.

Es ist vielleicht die ungemütlichste Woche in Leas Leben.

Ihr Zimmer ist noch nicht fertig eingerichtet, sodass sie die Hausaufgaben am Küchentisch machen muss. Mama ist ständig am Jammern, weil sie nichts findet – nichts aus ihrem alten Haus und nichts im neuen Haus. Ein paarmal hat Lea schon gesagt »selber schuld«, aber darauf reagiert ihre Mutter überhaupt nicht.

Die Jungs platzen ständig in Leas Zimmer und wollen Casper streicheln und ihm erklären, dass er die Kaninchen in Ruhe lassen soll, weil er sonst nicht bei ihnen wohnen kann.

»Wenn Casper hier nicht wohnen kann, kann

ich auch nicht hier wohnen«, hat Lea dazu gesagt.

Die Jungs haben große Augen gemacht: »Und wo gehst du dann hin? Zu deinem Vater?«

»Ich wohne aber hier!«, hat Lea geschrien. Da haben die Jungs lieber wieder Casper gestreichelt. Wahrscheinlich haben sie sich große Schwestern nicht so kompliziert vorgestellt.

Casper darf nur an der Leine in den Garten. Das kann er natürlich überhaupt nicht begreifen. Wie soll man Ball spielen, wenn man an eine Leine angebunden ist? Wie ein Loch buddeln und wie die Vögel und vor allem diese lecker duftenden Kaninchen jagen?

»Ich kann doch auch nichts dafür«, sagt Lea. Zur Entschädigung macht sie mit Casper lange Spaziergänge. Das Viertel, in dem sie jetzt zur Hälfte wohnt, ist eigentlich sehr schön. Überall in den Gärten stehen hohe alte Bäume. Es gibt nur leider keinen Ort, wo man mit einem Hund in Ruhe spielen kann. Überall sind Hunde verboten: auf dem Spielplatz, auf dem Friedhof, auf der Skaterbahn. Lea und Casper müssen sehr weit gehen, bis sie zu einer ehemaligen Kiesgrube kommen. Da kann Casper herumtoben, wie er will. Lea findet die Kiesgrube ein bisschen unheimlich. Es stehen noch überall rostige Gerätschaften herum. Aus den steinigen Böschungen wachsen hohe silbergraue Blumen mit gelben Blüten. Eigentlich weiß Lea, dass sie sich nicht allein an solchen Plätzen aufhalten soll. Es sieht auch wirklich alles so aus, als könnte man hier einen Krimi drehen. Aber irgendwo muss Casper ja mal rennen.

Hier kann Casper auch nach Herzenslust Kaninchen jagen. In der Kiesgrube leben sehr viele Kaninchen. Alles ist voller Kaninchenköttel, in denen Casper sich wälzen kann. Und wenn er über die alte Zufahrtsstraße trottet, flitzt es links und rechts. Er kann sich gar nicht entscheiden, welchem der Kaninchen er nachlaufen soll. Lea lässt ihn einfach rennen. Sie hat noch nie erlebt, dass er ein Kaninchen gefangen hat. Und die wilden Kaninchen verschwinden einfach in ihrem Bau und kriegen deswegen keinen Herzschlag.

Wenn Casper sich richtig ausgetobt hat und mit hängender Zunge neben Lea in den Kies plumpst, machen sie sich auf den Rückweg. Länger als unbedingt nötig will Lea nämlich nicht in der Kiesgrube bleiben.

»Bin ich froh, wenn wir bei Papa sind«, sagt Lea auf dem Rückweg zu Casper. »In unserem alten Haus. Da kannst du einfach frei rumlaufen, und außerdem ist es ganz nah zu unserer Spielwiese.«

Wenn sie um die Ecke biegt und auf Martins Haus zugeht, stellt sie sich immer noch vor, dass alles nur ein Traum ist, dass sie gleich aufwacht und alle wieder zu Hause sind, Mama, Papa, Casper und sie, im richtigen, echten Zuhause. Sie wird Martins Haus nie mögen. Es hat so eine komische bräunliche Farbe und so einen Jägerzaun, wie ihre Mutter ihn immer unglaublich spießig fand. Martin hat einen von diesen albernen Briefkästen, die eigentlich in der amerikanischen Prärie stehen müssten: eine rote Röhre mit einer Klappe auf der Seite. Er hat einen Gartenzwerg! Der ist schon alt und ausgebleicht und wirkt kränklich, und an seiner Gießkanne ist vorne die Brause abgebrochen. Im Haus drin riecht es komisch. Lea kann nicht sagen, wonach es riecht, aber jedenfalls riecht es komisch und fremd. Morgens kann Lea gar nichts essen, wenn sie in diesem fremden Geruch aufwacht. Ihre Kleider riechen auch schon so. Aber in drei Tagen darf sie zu Papa. Dann wird wenigstens alles wieder normal riechen.

»Was ist mit Casper?«, fragt Leas Vater am Telefon freundlich. »Lässt du den bei den Jungs?«

»Was?«

»Ich meine, falls du Casper nicht mitbringen willst ... die Jungs freuen sich doch bestimmt ...«

Lea holt tief Luft. »Die freuen sich überhaupt nicht, weil Casper nämlich ihre blöden Hasen fressen will. Und außerdem bringe ich Casper sowieso mit. Ohne Casper komme ich überhaupt nicht.«

»Na gut.« Lea spürt, dass Papa zögert.

»Was ist?«

»Es ist nur ... na ja, Casper versteht sich nicht so gut mit Katzen, oder?«

»Was?« Lea dämmert etwas. Sie hat es total verdrängt, aber jetzt fällt es ihr ein und ihr wird ganz heiß. Marie hat ja eine Katze. Papa hat die irgendwann mal erwähnt, aber Lea hat nicht weiter darauf geachtet. Sie interessiert sich nicht für Marie und sie interessiert sich schon dreimal nicht für Maries Katze, ist doch klar. Und weil sie Marie nie in ihrer kleinen Wohnung besucht hat, hat sie die Katze natürlich noch nie getroffen.

»Casper hat noch nie einer Katze was getan«, sagt sie vorsichtig. Das stimmt auch, denn Casper hat noch nie eine Katze erwischt. »Warum?«

»Wegen Miss Sophie. Das ist doch Maries Siamkatze.«

»Siamkatzen sind gar keine richtigen Katzen«, behauptet Lea einfach mal so.

»Wie kommst du darauf?«

»Hab ich gelesen.«

»Weiß Casper das auch?«

»Das riecht er bestimmt.«

»Hm.« Papa holt tief Luft. »Na dann. Ich warte also nach der Schule auf dich und dann holen wir Casper.«

»Okay.«

In der Nacht von Donnerstag auf Freitag kann Lea nicht gut schlafen. Kein Wunder. Ihr neues Zimmer ist klein und ungemütlich und es stehen immer noch volle Kisten in der Ecke. Außerdem spukt ihr diese Siamkatze im Kopf herum. Natürlich sind Siamkatzen richtige Katzen, das weiß sie genau. Natürlich wird Casper sofort auf Miss Sophie losgehen. Natürlich wird es Ärger geben.

Aber dann sagt sie sich, dass überhaupt nichts passieren kann.

Schließlich ist es ihr Haus. Das Haus, in dem sie groß geworden ist. Sie kennt jeden Stein und jedes Loch im Garten und jede Spinnwebe im Keller. Wenn Marie und ihrer Katze irgendwas nicht passt, dann sollen sie doch wieder ausziehen. Das wäre sowieso das Beste.

12.

Als Papa vor dem alten Haus parkt – das eigentlich ein viel neueres Haus ist als Martins Haus –, springt Casper vor Begeisterung zehn Mal vom Rücksitz auf den Vordersitz und wieder zurück.

»Halt ihn doch fest«, sagt Papa. Er versucht, streng zu reden, aber dann muss er lachen. Er legt einen Arm um Lea und drückt sie. »Willkommen zu Hause, meine Kleine. Ohne dich ist es hier nicht mal halb so schön.«

Lea klappt die Tür auf und Casper schießt wie ein Blitz aus dem Auto. Er rast sofort los in den Garten, als müsse er kontrollieren, ob alles noch da ist.

»Ich bin gespannt, ob es dir gefällt«, sagt Papa, während er Leas Reisetasche aus dem Kofferraum holt. »Wir haben ein bisschen renoviert. Marie war es zu dunkel im Haus.«

Lea runzelt die Stirn. Woher nimmt Marie das Recht, sich über das Haus zu beschweren? Sie kann doch froh sein, dass sie überhaupt darin wohnen darf!

Leas Vater schließt die Tür auf. Lea folgt ihm ins Haus und bleibt erschüttert stehen.

Das soll Leas altes Zuhause sein?

»Wonach riecht es denn hier?«, fragt sie.

Ihr Vater sieht sie erstaunt an.

»Ich weiß nicht. Nach Farbe wahrscheinlich. Wir haben ja fast überall gestrichen.«

»Das meine ich nicht.«

Lea wird schlecht, sie spürt es ganz genau.

Das Haus riecht nicht mehr so, wie es immer gerochen hat.

Es riecht nach einem fremden Haus, in dem fremde Menschen wohnen.

»Ich will in mein Zimmer gehen«, sagt sie.

»Wir wollen nur erst mal Marie Hallo sagen«, sagt Papa. »Sie wollte uns was kochen. Sie hat ja heute noch frei, wegen des Umzugs.«

Lea hört Casper an der Tür kratzen und dreht sich um.

»Lass ihn erst mal kurz draußen«, sagt Papa freundlich.

Lea zuckt mit den Achseln und trottet hinter ihm her in die Küche. Man hört gar nichts. Wenn ihre Eltern gekocht haben, hat man das Brutzeln und Klappern und Klirren schon von der Haustür aus gehört. Jetzt ist es in der Küche ganz still, nur der Backofen brummt leise.

Leas Vater öffnet so vorsichtig die Küchentür, als säße ein Vogel dahinter, der wegfliegen könnte.

»Marie? Lea ist hier.«

Lea hält die Luft an, als sie in die Küche kommt. Die alte gläserne Küchenlampe, die noch von Leas Oma stammt, ist weg. Stattdessen hängt an der Decke jetzt ein Strahler mit drei Lampen. Die Wände sind kalt und kahl und frisch gestrichen, in einem komischen blassen Orangegelb. Auf dem Tisch stehen orangegelbe Blumen, passend zu den Wänden.

Marie sitzt an diesem Tisch und blättert in einer Zeitschrift. Als sie Lea sieht, springt sie auf.

»Wie schön, dass du da bist, Kleine!«

Wieso Kleine? Lea sieht sie böse an. Marie ist höchstens sieben Zentimeter größer als sie!

»Hier riecht es gut«, stellt Leas Vater fest.

»Das bin ich«, kichert Marie. Sie legt ihre Arme um Papas Hals und küsst ihn auf den Mund. Lea sieht weg. Ihr Herz klopft ganz laut.

»Du auch«, brummt Leas Vater. »Aber ich meinte was Essbares. Was hast du denn im Ofen?«

»Tiefkühlpizza …« Marie blinzelt bescheiden. »Mir war heute nicht so nach Kochen. Und ich weiß nicht, was Kindern schmeckt.«

Lea streckt sich. Wenn Marie nur aufhören würde, sie wie ein kleines Kind zu behandeln!

»Mama kocht sehr gesund«, sagt sie.

Marie sieht sie verwirrt an und nickt. Dann wendet sie sich wieder an Leas Vater.

»Hat sie den Hund jetzt dabei?«

»Er ist im Garten.«

Marie seufzt. »Ich glaube nicht, dass das gut geht.« Jetzt endlich spricht sie direkt mit Lea. »Ich mag Hunde, weißt du. Es ist bloß wegen meiner Katze, Miss Sophie. Eine echte Siamkatze, wunderschön, du wirst sehen. Dein Vater hat mir gesagt, dass dein Casper ein richtiger Katzenkiller ist.«

»Das stimmt doch gar nicht!« Lea blitzt ihren Vater an. »Wie kannst du so was sagen.«

»Das war doch nur ein Witz.« Ihr Vater grinst. »Er hat ja noch nie eine gekriegt. Du kannst beruhigt sein, Marie. Casper ist viel zu langsam, der fängt keine Katze.«

»Aber Miss Sophie ist ziemlich sensibel.« Marie lacht unsicher. »Das sind Siamkatzen immer.

Deswegen halte ich schon immer Siamkatzen. Es wäre nicht gut, wenn Casper ihr ständig auflauern würde, weißt du?«

»Vielleicht gewöhnen sie sich aneinander«, sagt Leas Vater. Den Satz hat Lea doch in letzter Zeit schon mal gehört?

»Casper hat schon immer hier gewohnt.« Lea sieht Marie fest in die Augen. Marie sieht schnell weg.

»Wir können es ja probieren«, sagt sie.

Und wenn es nicht klappt, denkt Lea, dann soll Miss Sophie aus diesem Haus verschwinden, und Marie gleich mit ihr. Dann kann Mama einfach wieder einziehen, wenn es ihr mit Martin und den Jungs und ihren blöden Hasen und dem alten Gartenzwerg zu dumm wird.

»Wo ist sie denn jetzt?«, fragt sie.

»Miss Sophie? Im Schlafzimmer. Willst du ihr Guten Tag sagen?«

Lea zuckt mit den Achseln.

»Geh doch rüber. Du weißt ja, wo es ist.«

Lea nickt und geht durch den Flur zur Schlafzimmertür. Der Flur ist auch anders. Über dem Schuhregal hängt ein neuer Spiegel mit bunten Lämpchen an den Seiten und auch hier sind die Wände frisch gestrichen, rötlich gelb wie Saharasand.

Vor der Schlafzimmertür bleibt Lea einen Moment lang stehen.

Sie ist plötzlich wieder klein, vier oder fünf Jahre alt, und hat schlecht geträumt. Sie steht mit Urwalda, ihrer grünen Plüschschlange, im Arm im Flur und weiß nicht, wo der Lichtschalter ist. Sie weint, weil sie schlecht geträumt hat und weil sie die Tür zum Elternschlafzimmer nicht findet. Aber dann geht plötzlich eine Tür, die richtige Tür, auf, und es wird hell und jemand – Mama oder Papa – nimmt sie in den Arm und trägt sie und Urwalda ins große Bett, das nach Mamas Deo und Papas Rasierwasser und nach Waschmittel duftet, und da schläft sie dann ganz schnell ein, denn nichts kann ihr passieren zwischen Mama und Papa.

Die Erinnerung ist so deutlich, dass Lea einen Moment lang die Luft wegbleibt. Sie legt die Hand auf die Klinke und öffnet die Tür ganz langsam einen Spalt.

Das Elternschlafzimmer aus ihrer Erinnerung ist nicht mehr da. Es ist einfach weg.

Hier soll Leas Vater jetzt schlafen?

Es ist, als wäre Lea in eins dieser Märchen geraten, in denen ein Mensch sich verläuft, ein Jahr lang für einen geheimnisvollen Dienstherrn arbeiten muss und dann nach seiner Entlassung nach Hause zurückkehrt und erfährt, dass in Wirklichkeit hundert Jahre vergangen sind, dass alle, die er kennt, schon längst tot sind, sogar seine Enkel sind schon uralte Leute. In diesem fremden Zimmer steht ein fremdes schwarzes Bett, eine Wand ist knallrot gestrichen und die Bettwäsche ist auch knallrot. An der Wand gegenüber vom Bett hängt ein Kunstdruck mit knallrotem Mohn. Der Schrank hat schwarze Lamellentüren und die Vorhänge sind schwarz-rot-weiß kariert. Es sieht alles aus wie in einem Werbeprospekt. Aber am schlimmsten ist der Geruch. Es riecht nach fremdem, aufdringlichem Parfum, nach einem fremden Waschmittel, nach fremdem Schweiß, nach Katze.

Die Katze liegt nämlich mitten auf dem knallroten Deckbett. Sie hebt kaum den Kopf, als Lea hereinkommt. Es ist eine wunderschöne Katze, silberweiß mit schwarzer Schnauze und schwarze Pfoten, und als sie jetzt blinzelt, kann man ihre himmelblauen Augen sehen. Lea setzt sich vorsichtig zu ihr aufs Bett und streckt die Hand aus. Miss Sophie schnuppert vorsichtig daran und reibt dann die Stirn an ihrer Handfläche. Lea spürt, wie sie dahinschmilzt. So eine wunderschöne, nette Katze! Man kann wirklich nur hoffen, dass Casper sich mit ihr verträgt. Es wäre sehr schade, wenn Marie sie abschaffen müsste.

Da kläfft Casper im Garten. Miss Sophie zuckt zusammen und wendet ihre himmelblauen Augen in Richtung Fenster.

»Bleib lieber hier drin«, sagt Lea. Sie steht auf und geht aus dem Zimmer, und während sie die Tür hinter sich schließt, hat sie das sichere Gefühl, dass sie es in ihrem Leben nie wieder betreten wird.

Casper kratzt wieder an der Haustür. Lea geht einfach hin und macht die Tür auf. Wie soll man Casper denn erklären, dass das nicht mehr das gleiche Haus ist wie vorher, in dem er nach Belieben ein- und ausgehen konnte? Kein Mensch kann verlangen, dass er so was Merkwürdiges versteht. Sie wirft noch mal einen Blick auf die Schlafzimmertür, aber die ist wirklich fest verschlossen. Casper klebt die Nase auf den Teppich und schnobert laut.

»Deckst du mal den Tisch?«, ruft ihr Vater aus der Küche. Lea geht rüber und öffnet den Küchenschrank. Die Teller sind noch da, wo sie hingehören. Allerdings stehen auf ihren guten alten Tellern vier neue Teller drauf. Die schafft Lea erst mal zur Seite, bevor sie den Tisch mit den alten Tellern deckt. Im Besteckkasten liegen auch lauter neue Sachen.

»Da ist er ja«, sagt Marie mit einem Blick auf Casper, der gerade in die Küche trabt. »Na komm, sag Guten Tag.« Sie streckt Casper die Hand hin. Er schnuppert daran und wedelt mit dem Schwanz.

»Ein niedlicher Kerl. Da wollen wir mal das Beste hoffen.« Marie lächelt.

Der niedliche Kerl hat jetzt in der Ecke den Katzennapf bemerkt und trabt zielstrebig darauf zu.

»Pfui!«, sagt Marie scharf und packt Casper am Halsband. Casper duckt sich erschrocken. Dass in seiner eigenen Küche Futter herumsteht, das er nicht fressen darf, hat er natürlich noch nie erlebt. Lea bückt sich und stellt das Katzenfutter auf den Tisch.

»Igitt«, sagt Papa sofort. »Das meinst du doch nicht ernst.«

»Na komm.« Marie sieht ihn beleidigt an. »So igitt ist das auch wieder nicht. Ich habe gelesen, dass Katzenfutter bessere Qualität hat als so mancher Hamburger im Schnellimbiss.«

»Umso schlimmer«, sagt Papa, der gern auch mal was Unlogisches von sich gibt. »Muss ich es jetzt essen?«

Marie lacht und küsst ihn wieder, diesmal flüchtig auf die Backe. Kann sie die Knutscherei nicht einfach mal lassen, wenn Lea da ist?

»Vielleicht sollten wir ihm Miss Sophie einfach mal vorstellen«, schlägt Leas Vater vor.

»Lieber noch nicht«, sagt Lea schnell.

»Wir essen erst«, bestimmt Marie und macht den Backofen auf. »Miss Sophie kann sowieso nicht den ganzen Tag im Schlafzimmer bleiben.«

13.

Eine Stunde später sitzt Miss Sophie auf dem Schlafzimmerschrank mit den schwarzen Lamellentüren und weigert sich, wieder herunterzukommen. Und das, obwohl Lea Casper schon längst aus dem Zimmer geschafft hat.

Marie steht vor dem Schrank und redet mit zuckersüßer Stimme auf Miss Sophie ein.

»Die kommt schon wieder runter«, sagt Leas Vater. Es klingt ein bisschen ungeduldig.

»Die arme Kleine.« Marie weint fast. »Erst der ganze Stress mit dem Umzug und jetzt das hier!«

»Miss Sophie weiß sich schon zu helfen«, sagt Leas Vater. »Schließlich ist sie auch nicht ohne. Erinnerst du dich, wie sie auf meine Sachen gepinkelt hat, als ich das erste Mal bei dir zu Besuch war? So eine Sauerei. Und ich hatte nichts anderes zum Anziehen …«

Marie sieht ihn verwirrt an, dann lacht sie ein bisschen.

»Sie ist eben so sensibel. Sie kann mit Veränderungen nicht gut umgehen.«

»Das wird sie aber lernen müssen.« Leas Vater wirft einen zärtlichen Blick auf Maries Bauch, der sich schon ein kleines bisschen vorwölbt.

»Umso schlimmer.« Aber Marie lächelt jetzt auch und sieht Leas Vater tief in die Augen.

»Komm jetzt sofort da runter!«, sagt Lea wütend zu Miss Sophie. »Stell dich nicht so an!«

»Ich glaube kaum, dass du auf diese Art was erreichst!« Papa grinst. Dann wird er wieder ernst. »Wir sollten am besten alle mal aus dem Zimmer gehen. Dann wird sie schon runterkommen. Schließlich will sie dort oben nicht verhungern.«

Lea ist schon aus der Tür.

Marie nickt. Im Flur legt sie Lea die Hand auf den Arm.

»Hast du eigentlich schon das Kinderzimmer gesehen?«

Lea starrt sie an. »Mein Zimmer? Da hat sich doch gar nichts verändert.«

»Nein, nicht dein Zimmer. Das Babyzimmer.«
Und weil Lea darauf gar nichts sagt, legt sie ihr den Arm um die Schultern und steuert sie in das kleine Zimmer, das früher Mamas Arbeitszimmer war.

»Ta-taaa!«, macht Marie und stößt die Tür auf.

Lea schnappt nach Luft.

Das Zimmer scheint mit Zuckerwatte und Marzipan eingerichtet zu sein und es riecht auch so. Von überall her sehen Marie große Kulleraugen an: von einem Teddy auf der Wickelkommode, von den Mäusen auf dem Rollo, von den Kätzchen auf dem Vorhang der Wiege, den kleinen Elefanten auf der Wickelauflage, von den Bienen des Mobiles. Es ist, als würde sie sich durchs billige Kinderprogramm zappen.

»Und?« Marie stupst Lea an.

»Ich weiß nicht.«

»Was weißt du nicht? Na ja, ich geb zu, es ist ein bisschen klein. Aber fürs Erste wird es schon reichen, und dann sehen wir weiter.«

Lea dreht sich um, geht schnell in ihr Zimmer, in dem Casper schon auf sie wartet, und schlägt die Tür hinter sich zu.

»Was ist los?«, ruft Marie hinter ihr her.

»Was war denn jetzt?«, ruft Papa aus der Küche.

Casper springt an Lea hoch und drückt seinen Kopf gegen ihre Hand.

»Wir bleiben zusammen, egal was passiert«, sagt sie.

Natürlich kommt Miss Sophie irgendwann von ihrem Schrank runter. Das muss sie auch, sonst würde sie ja verdursten. Sie schleicht misstrauisch in die Küche. Casper muss vorerst im Garten bleiben. Miss Sophie darf sowieso noch nicht vor die Tür, weil sie noch nicht an das neue Haus gewöhnt ist.

Miss Sophie wendet sich angewidert von ihrem Futter ab, obwohl Casper nichts davon gefressen hat. Sie geht zu Marie und springt ihr auf den Schoß.

»Armes Mäuschen«, sagt Marie zu Miss Sophie, und Lea findet, dass das für eine Katze eine Beleidigung ist. »Hat es dir den Appetit verschlagen?«

Miss Sophie miaut mitleiderregend.

»Die frisst schon wieder«, sagt Leas Vater. »Lass ihr ein bisschen Zeit. Es dauert, bis eine Katze sich eingewöhnt.«

»Gestern hat sie schon gefressen.«

»Aber kaum. Möchtest du Kaffee?«

Marie seufzt. »Ich darf doch nicht.«

Papa lächelt. »Das vergesse ich ständig. Tee vielleicht?«

»Gerne. Fencheltee.«

Papa setzt Wasser im Wasserkocher auf. Lea starrt Marie an.

»Warum darfst du keinen Kaffee trinken? Bist du dagegen allergisch?«

Marie schüttelt lachend den Kopf. »Wegen dem hier«, sagt sie und legt sich die Hand auf den Bauch. »Dieses kleine Wesen regt sich zu sehr auf, wenn ich Kaffee trinke.«

»Was?«

»Der Blutkreislauf der beiden ist miteinander verbunden«, erklärt Leas Vater. »Alles, was Marie isst und trinkt, gerät auch in den Körper des Kindes. Und Kaffee ist nun mal nichts für kleine Kinder.«

»Hat meine Mama auch keinen Kaffee getrunken?«

Ihr Vater überlegt. »Vermutlich nicht. Weißt du, das habe ich schon ganz vergessen.«

»War sie sehr dick?«

Jetzt lacht Leas Vater. »Ja, sie war kugelrund. Gegen Ende der Schwangerschaft sah sie aus, als würde sie jeden Moment platzen.«

»Na hoffentlich passiert mir das nicht«, murmelt Marie. Leas Vater wendet sich wieder ihr zu, aber Lea fragt sofort weiter.

»Warst du bei der Geburt dabei? Wie war es?«

Marie runzelt die Stirn.

Leas Vater legt Lea den Arm um die Schultern.

»Ach weißt du, ich weiß es gar nicht mehr so genau. Es war aufregend. Schrecklich. Wunderbar. Alles gleichzeitig.«

Und er lächelt versonnen vor sich hin.

»Wie weit bist du denn mit dem Tee?«, fragt Marie.

»War Mama sehr tapfer?«

»Ich glaube schon«, sagt ihr Vater. »Na ja, sie konnte ja gar nicht anders. Aber während der Schwangerschaft war sie jedenfalls tapfer. Ihr war niemals übel oder so etwas. Sie ist nur einfach dicker und schwerfälliger geworden. Aber sie sah nicht mal schlecht aus.«

»Ich will ja deine romantischen Erinnerungen nicht stören.« Jetzt hat Marie eine sehr schneidende Stimme. »Aber ich wäre dir dankbar, wenn du die Geburt jetzt nicht in allen Einzelheiten schildern würdest. Außerdem kann ich nichts dafür, dass mir morgens schlecht ist. Wenn du glaubst, es wäre für mich ein Vergnügen ...« Und sie legt sich Miss Sophie über die Schulter und stolziert aus der Küche.

»Was hat sie denn?«, fragt Lea unschuldig.

Papa schüttelt den Kopf. »Schwangere Frauen sind schwierig. Die Hormone, weißt du ...«

»War Mama auch schwierig?«

Jetzt lacht ihr Vater. »Aber ja! Allerdings nicht nur während der Schwangerschaft.«

»Mama ist jedenfalls viel netter als Marie.«

Papa seufzt. »Mit Nettigkeit hat das nun mal nichts zu tun, weißt du? Außerdem ist es doch klar, dass du zu deiner eigenen Mutter hältst. Versuch einfach, dich mit Marie zu vertragen, ja? Sonst machst du alles so furchtbar schwer.«

»Sie kann Casper nicht leiden. Und sie benimmt sich so, als wäre das hier ihr Haus.«

Jetzt sieht Papa Lea richtig in die Augen. »Es IST ihr Haus«, sagt er sehr langsam. »Sie ist meine Freundin, sie bekommt ein Kind von mir, vielleicht werden wir sogar heiraten.«

»Was?«

»Jedenfalls bist du groß genug, das zu verstehen. Das Leben geht weiter, Lea. Man kann es nicht an einem Punkt anhalten. Es ist ganz wichtig, dass du lernst, mit Veränderungen umzugehen.«

Vielleicht hätte Lea irgendwas Kluges sagen

sollen, zum Beispiel dass er und Mama sich die Veränderungen ja ausgesucht haben und sie sich jetzt einfach damit abfinden soll. Aber sie holt einfach tief Luft und sagt:

»Ich komme nicht ohne Casper hierher.«

»Weiß ich. Sollst du ja nicht. Es wird sich schon alles regeln.«

»Und wie?«

»Das werden wir sehen.« Er steht auf. »Ich muss die werdende Mutter ein bisschen beruhigen.«

Lea zuckt mit den Schultern. Sie starrt aus dem Fenster. Der Pflaumenbaum hat gelbe Blätter. Den Baum hat Papa für sie gepflanzt, als sie geboren wurde. Es ist ihr, Leas, Baum und Marie und ihr doofes Kind werden nie im Leben eine einzige Pflaume von diesem Baum essen. Und wenn Lea eigenhändig einen großen Zaun darum baut.

Zwei Tage lang gelingt es ganz gut, Casper und Miss Sophie aneinander vorbeizuschleusen.

Marie schmollt ein wenig, weil Miss Sophie so oft ins Schlafzimmer gesperrt wird.

»Casper hat ein gewisses Hausrecht«, sagt Papa zu Marie. »Das musst du verstehen.« Und er legt seine Hand auf ihre Hand.

»Wir können ja wieder in unsere Wohnung ziehen, meine Katze und ich«, sagt Marie. »Da konnten wir uns doch wenigstens frei bewegen.«

Au ja, denkt Lea.

»Unsinn«, sagt Leas Vater.

Und dann ist Marie doch wieder ganz freundlich, spielt mit Lea Ubongo und überredet Leas Vater, zum Abendessen Backofenpommes zu machen, obwohl der das überhaupt nicht gesund findet.

»Ich hab aber richtig Lust drauf«, sagt Marie, und merkwürdigerweise lässt er dieses Argument, mit dem Lea bei ihm noch nie durchgekommen ist, bei Marie gelten.

Nach dem Abendessen muss Marie das Katzenklo sauber machen, das im Bad steht. Das heißt, sie müsste es sauber machen, aber ihr wird so schlecht, dass sie sich hinlegen muss. Und weil Lea nicht nur eine fiese Stieftochter sein will, macht sie tapfer das Katzenklo sauber.

»Das ist wirklich nett von dir«, sagt Marie mit schwacher Stimme. »Ich packe das echt nicht mehr. Morgen lassen wir Miss Sophie in den Garten. Ich glaube, sie hat sich schon eingewöhnt und wird sich nicht mehr verlaufen.«

»Das glaube ich auch.« Papas Stimme klingt erleichtert. »Im Schlafzimmer soll man sowieso keine Tiere halten.«

Und er streichelt Miss Sophie, die auf Maries Bett liegt, wohl um zu zeigen, dass er es nicht böse meint.

14.

»Ich find's ja viel besser, wenn du in eurem alten Haus wohnst«, sagt Tobias auf dem Nachhauseweg. »Viel praktischer. Ich kann einfach zu dir rüberkommen, wenn ich will. Kannst du nicht immer bei deinem Vater wohnen?«

»Weiß nicht.« Lea zuckt mit den Schultern. »Ich gehöre ja auch zu meiner Mutter.«

»Du gehörst nur zu dir selber.« Tobias weicht einem Radfahrer aus, der ihnen verbotenerweise auf dem Bürgersteig entgegenkommt. »Du musst einfach entscheiden, wo es dir besser gefällt.«

»Ich mag Marie aber nicht«, sagt Lea. »Und Babys nerven.«

»Du magst das Baby vielleicht doch, wenn es

erst mal da ist. Es ist doch deine Schwester oder dein Bruder. Mehr als die Zwerge von diesem Martin.«

Das stimmt. Im Moment kann Lea Tobias nicht erklären, warum sie es gerade schlimm findet, dass das Baby ihr Halbgeschwisterchen sein wird.

»Dann wollen sie Casper erst recht nicht mehr haben«, sagt sie düster. »Weil sie denken, dass er das Baby beißt.«

»Der beißt doch keine Babys.« Tobias schüttelt den Kopf. »Er hat noch nicht mal den Zwerg jemals gebissen. Und der hat ihn ganz schön am Schwanz gezogen.«

Lea nickt. Sie bleibt stehen und sieht Tobias an.

»Kommst du noch kurz mit zu mir?«

Tobias schaut auf die Uhr.

»Ich hab noch ein bisschen Zeit. Und wenn es deiner Marie nicht recht ist?«

»Sie ist nicht meine Marie«, sagt Lea wütend. »Sie ist Papas Marie. Und sie hat überhaupt nichts zu melden. Ich kann mitbringen, wen ich will.«

»Na ja.« Tobias lässt sich von Leas Zorn überhaupt nicht beeindrucken. »Es kann ja sein, sie macht Essen.«

»Sie kann überhaupt nicht kochen. Sie taut sowieso nur was auf.«

Das scheint Tobias zu überzeugen. Seine eigene Mutter kocht erst abends, weil sie über Mittag noch arbeitet. Der Zwerg kriegt sein Mittagessen im Kindergarten.

Früher hat Casper um diese Zeit immer am Gartentor gestanden und auf Lea gewartet. Heute ist der Garten so leer, als gäbe es überhaupt keinen Casper.

»Vielleicht haben sie ihn schon ins Tierheim gebracht«, flüstert sie.

»Was?« Tobias sieht sie an, als habe sie nun endgültig den Verstand verloren. »Das würde dein Vater doch nie machen!«

Das weiß Lea eigentlich auch. Außerdem hört sie Casper jetzt. Er steht hinter der Haustür und kläfft aufgeregt. Die Haustür geht auf und Casper springt direkt auf Leas Arm. Lea ist voll damit beschäftigt, ihn daran zu hindern, dass er ihr das ganze Gesicht ableckt. Sie lacht und setzt ihn wieder auf den Boden. Casper stürzt sich sofort auf Tobias, der ihm freundschaftlich die Flanke klopft.

Erst jetzt sieht Lea auf. Und jetzt sieht sie, dass ihr Vater ein Gesicht macht, das nichts Gutes verheißt. Irgendwas ist passiert. Lea kriegt ganz weiche Knie.

»Was ist los?«, fragt sie. Heimlich wirft sie schnell einen Blick auf Casper. Hat er blutige Lefzen oder ein Stück Katzenfell an sich kleben?

»Miss Sophie ist weg.«

»Wie, weg?«

»Weggelaufen.«

»Hat … hat Casper sie gejagt?«

Papa schüttelt den Kopf. »Nein. Casper hat nichts damit zu tun.«

»Er hat wohl was damit zu tun«, hört man Maries Stimme von hinten.

»Kommt erst mal rein.« Leas Vater hält die Tür weit auf.

»Ich kann gar nicht lang bleiben«, sagt Tobias schnell.

»Komm schon rein.«

Marie steht an der Schlafzimmertür. Sie hat rote Augen, als hätte sie geweint.

»Wir haben überall gesucht«, sagt sie mit dünner Stimme. »Aber sie ist einfach verschwunden.«

Und dann erzählen Leas Vater und Marie endlich genauer, was vorgefallen ist.

Marie ist mit Miss Sophie in den Garten gegangen, um ihr das neue Revier zu zeigen, sagt sie, aber Lea denkt: damit die Katze in den Garten kackt und nicht ins Katzenklo. Aber das ist ja eigentlich egal. Tatsache ist, dass Miss Sophie erst einmal eine ganze Weile glücklich in der Sonne gelegen und den Bienen nachgeschaut hat. So glücklich und zufrieden, dass Marie sich beruhigt in den Liegestuhl gelegt und ein bisschen weggenickt ist. Und als sie wieder hinsah, war Miss Sophie einfach verschwunden.

»Ich hab gedacht, sie ist zurück ins Haus gelaufen.« Marie hat schon wieder Tränen in den Augen. »Aber die Tür war zu, sie konnte gar nicht rein. Sie ist weggelaufen und jetzt findet sie natürlich nicht nach Hause.«

»Haben Sie schon bei den Nachbarn gefragt?«, erkundigt sich Tobias. Lea starrt ihn an. Klar, Tobias siezt Marie. Sie ist für ihn eine fremde Frau. Nur zu ihren richtigen Eltern darf er Du sagen, weil er sie schon ewig kennt und sie es ihm erlauben.

»Ja, natürlich. Wir waren schon überall ringsherum. Sie ist verschwunden.«

»Sie ist nicht verschwunden«, sagt Leas Vater ein bisschen ärgerlich. »Wir sind doch hier nicht bei Zaubermeisters. Irgendwo ist sie und sie wird auch wieder auftauchen.«

»Aber es kann ihr alles Mögliche passieren. Womöglich läuft sie unter ein Auto ... oder jemand fängt sie und verkauft sie weiter ... Siamkatzen sind ja wertvoll ...«

In der Küche klappert es. Lea wirft einen Blick durch die Tür.

Casper steht neben der Heizung und frisst genüsslich den Katzennapf leer. Er sieht verständnislos auf, als Marie auf ihn zustürzt.

»Lass das stehen! Pfui! Das ist nicht für dich!« Sie wendet sich anklagend an Leas Vater. »Kein Wunder, dass sie weggelaufen ist. Sie hat doch überhaupt keinen Platz in diesem Haus.«

Lea sieht, dass ihr Vater sich große Mühe gibt, geduldig zu sein.

»Natürlich hat sie Platz in diesem Haus. Es lässt sich alles irgendwie regeln. Jetzt müssen wir sie aber erst wiederfinden.«

»Wir helfen suchen«, bietet Tobias an.

»Das ist nett«, sagt Leas Vater. »Wir können uns ja aufteilen.« Er wendet sich an Marie. »Und du legst dich hin und ruhst dich ein bisschen aus.«

»Das kann ich nicht. Zu mir hat sie am meisten Vertrauen.«

»Wir könnten Casper als Spürhund mitnehmen«, schlägt Tobias vor. Sein Vorschlag kommt allerdings nicht besonders gut an. Marie wirft ihm einen vernichtenden Blick zu. Papa schüttelt ein bisschen den Kopf. Und Lea verdreht die Augen.

Zu viert suchen sie den ganzen Nachmittag das Gelände ringsum ab. Sie gucken unter jeden Strauch und auf jeden Baum. Katzen sind komplizierter zu suchen als Hunde, weil sie auch klettern und über Zäune springen können. Überhaupt fühlt sich Lea mal wieder bestätigt: Hunde sind einfach viel besser als Katzen. Casper würde nie im Leben von ihr weglaufen. Er käme überhaupt nicht auf so eine Idee.

Irgendwann geht Leas Vater mit Marie nach Hause. Tobias und Lea suchen noch eine Weile weiter, aber sie sind jetzt schon so weit vom Haus entfernt, dass es ziemlich aussichtslos ist, die Katze zu finden.

»Ihr müsst Plakate an die Bäume kleben und so was«, sagt Tobias. »Das machen die Leute, wenn ihnen ein Tier wegläuft. Oder es im Radio durchsagen.«

Lea guckt gerade unter eine Buchsbaumhecke. Spinnen und Ameisen sind darunter zu finden, aber keine Siamkatzen. Sie richtet sich wieder auf. Ihr ist schwindlig.

»Ich glaube, wir hören für heute auf«, seufzt sie. »Vielleicht ist Miss Sophie längst wieder da.«

»Ja, vielleicht.« Tobias sieht sie nachdenklich an. »Vielleicht auch nicht. Vielleicht ist es ja auch ganz gut, wenn sie weg ist.«

»Was?«

»Überleg doch. Miss Sophie und Casper in einem Haus, das geht nicht. Wenn Miss Sophie weg ist, kann Casper einfach mit dir bei deinem Vater wohnen und alles ist gut.«

Lea starrt ihn an. So hat sie das noch gar nicht gesehen.

»Aber Miss Sophie passiert vielleicht was«, meint sie unsicher. »Das hab ich auch nicht gewollt. Schließlich kann sie nichts dafür, dass Casper keine Katzen mag.«

»Der passiert doch nichts. Katzen haben sieben Leben, sagt meine Tante. Die hat fünf Katzen, die kennt sich aus.«

Lea schüttelt den Kopf.

»Es gibt trotzdem Katzen, die von Autos überfahren werden«, sagt sie. »Ich hab schon viele gesehen.«

»Ja, schon. Aber Miss Sophie nicht. Die ist intelligent. Siamkatzen sind besonders schlau.«

»Woher weißt du das?«

»Weiß ich eben.«

Lea fröstelt. Sie zieht den Reißverschluss ihrer Jacke bis unters Kinn. »Okay, dann gehen wir jetzt.«

»Gut.«

Erste welke Blätter wehen leise raschelnd über die Straße. Auf einem Zaunpfosten aus verwittertem Beton sitzt eine Katze. Es ist eine ganz gewöhnliche schwarz-weiße Hauskatze. Als die Kinder näher kommen, steht sie auf und macht einen einladenden Buckel. Lea bleibt stehen und streichelt die Katze.

Es ist ein bisschen so, als würde sie aus der Ferne Miss Sophie streicheln.

Es wird Nacht. Miss Sophie ist nicht zurückgekommen. Marie trinkt Baldriantee und legt sich dann ins Bett. Eine richtige Schlaftablette darf sie nicht nehmen, weil das dem Baby schadet. Casper liegt neben dem Wohnzimmertisch und beobachtet Lea und ihren Vater, ohne den Kopf zu bewegen. Offenbar hat er ein schlechtes Gewissen, denn er hat noch nicht einmal versucht, auf das Sofa zu springen. Das ist nämlich in diesem Haus auch nicht mehr erlaubt. Als es noch das normale Eltern-Sofa war, durfte er immer in der Ecke liegen, aber Marie möchte nun mal keinen Hund auf den Polstermöbeln haben. Nur eine Katze. Aber die Katze ist, wie gesagt, nicht da.

Lea spielt mit ihrem Vater Memory. Das Spiel zieht sich schon endlos hin, weil sie beide so unkonzentriert sind. Leas Vater deckt gerade mindestens zum siebten Mal das Elefantenbaby auf, obwohl er eigentlich den Eisbären sucht. Er knallt die Kärtchen zurück auf die Tischplatte.

»Sollen wir nicht lieber den Fernseher anmachen?«, fragt Lea.

Ihr Vater sieht sie verwirrt an, dann nickt er erleichtert.

Lea schiebt die Karten zusammen und stapelt sie in die Schachtel, dann nimmt sie die Fernbedienung. In einem Sender kommt eine Quizshow. Das sieht ihr Vater ganz gerne, weil er so überprüfen kann, wie viel er selbst weiß.

»Ich seh mal nach, ob Marie schon schläft.« Papa steht auf.

Lea nickt.

Ihr Vater macht sich Sorgen um Marie. Sie darf sich nicht so aufregen, wegen dem Baby. Das kriegt alles mit, sagt er. Dann kommt es zur Welt und hat gar kein Vertrauen mehr.

»Komm her«, sagt sie zu Casper. Wie ein Blitz sitzt Casper auf ihrem Schoß. So sitzt er nicht richtig auf dem Sofa, weil ja Lea dazwischen ist. Lea hat Lust, was zu knabbern. Aber sie weiß nicht, wo die Knabbersachen sind. An ihrem alten Platz hinter der rechten Wohnzimmerschranktür jedenfalls nicht mehr.

Casper seufzt schwer.

»Nirgendwo wollen sie uns haben, Casper«, sagt Lea.

Und sie tut sich so richtig von Herzen selber leid.

15.

Leas erste Woche bei Marie und ihrem Vater ist fast um. Miss Sophie ist nicht wieder aufgetaucht. Die Stimmung ist ziemlich unterkühlt. Natürlich gibt Marie Casper die Schuld an Miss Sophies Verschwinden. Natürlich nimmt Lea Casper in Schutz. Was soll man denn tun, wenn man ein Hund ist? Dann ist das Katzenjagen einem eben angeboren. Wieso soll sich das ändern, nur weil plötzlich eine Miss Sophie im eigenen Haus wohnt?

Sie haben alle Tierheime der Umgebung angerufen, Zettel in den Supermärkten ausgehängt, aber niemand hat eine Siamkatze gesehen.

Sie haben auch die Nachbarn von Maries alter Wohnung angerufen, für den Fall dass Miss Sophie dorthin läuft. Das ist unwahrscheinlich, denn es ist ziemlich weit dahin, aber es heißt ja, dass Katzen so etwas tun. Auch dort ist Miss Sophie nicht aufgetaucht.

»Sie kann doch nicht verschwunden sein«, murmelt Leas Vater immer wieder, aber sie wissen natürlich alle, dass das doch sein kann. Eine Katze kann natürlich an einer Landstraße einen Unfall haben oder von einem Jäger abgeschossen werden oder in ein tiefes Loch fallen oder von einem Hund totgebissen werden.

»Das war kein besonders erfreulicher Besuch«, sagt Leas Vater entschuldigend. »Na, vielleicht wird es nächstes Mal besser.«

Besuch? Ist Lea bei ihrem eigenen Papa und in ihrem eigenen Haus jetzt nur noch zu Besuch?

Und wie ist das bei Martin? Da ist sie doch erst recht zu Besuch. Das Haus ist fremd, die Umgebung ist fremd und alles gehört Martin und seinen Söhnen und Hilde.

Ist das jetzt Leas Leben: ein Besuchsleben?

Außerdem mag sie gar nicht an die nächste Woche denken. Womöglich geht es so weiter und die blöden Hasen kriegen doch noch Herzschläge oder laufen auch gleich weg oder so etwas. Am liebsten würde Lea mit Casper weglaufen, irgendwohin, wo sie beide willkommen sind.

Lea hat ihre Tasche schon gepackt, als das Telefon klingelt. Das Telefon klingelt jetzt häufig, denn Marie hat viele Freundinnen und Arbeitskolleginnen und jetzt noch neue Bekannte aus der Geburtsvorbereitungsgruppe.

Aber an Maries Tonfall erkennt Lea dann gleich, dass es ein besonderer Anruf ist.

»Was?«, schreit Marie ins Telefon. »Seit wann? Bist du sicher? Wie ist das denn möglich …«

Lea steckt den Kopf aus ihrer Zimmertür. Aus der Küche guckt ihr Vater auch schon ganz gespannt. Marie steht im Flur, das Telefon in der einen Hand, mit der anderen Hand fährt sie sich aufgeregt durch die Haare.

»Natürlich … natürlich komme ich gleich … danke, vielen Dank!«

Sie nimmt das Telefon vom Ohr und strahlt Leas Vater an. »Sie ist da!«

»Wer ist wo?«, fragt Leas Vater ein bisschen dämlich.

»Miss Sophie! Miss Sophie ist aufgetaucht! Sie ist bei Jimmy!«

Leas Vater runzelt die Stirn. »Wer ist denn Jimmy?«

Marie wedelt beruhigend mit den Händen. »Nicht was du denkst. Jimmy ist einer von den Studenten aus dem Nachbarhaus, du weißt schon, die Wohngemeinschaft …«

»Nein, weiß ich nicht.«

»Ist ja auch egal. Wir müssen sofort losfahren.«

»Ich wollte gerade Lea rüberbringen.«

Lea steht schon im Flur. »Ach bitte, ich will mit!«

»Und Casper?«

»Der kommt auf keinen Fall mit!«, sagt Marie sofort. »Den lassen wir hier. Und nachher tun wir ihn ins Auto. Dann muss Miss Sophie ihn gar nicht treffen.«

»Ich weiß nicht …« Papa zögert.

»Na komm, dann lass sie mitfahren«, sagt Marie. »Und du bleibst mit Casper hier.«

Lea starrt sie überrascht an.

Papa nickt. »In Ordnung. Wenn ihr mich bei Jimmy nicht braucht …«

Marie greift nach dem Autoschlüssel. Lea flitzt schon aus der Tür. Casper protestiert laut bellend, als ihm die Haustür vor der Nase zugemacht wird.

»Warst du eigentlich jemals bei mir in der Wohnung?«, fragt Marie nachdenklich, als Lea auf den Rücksitz klettert.

»Nein.«

»Zu spät. Aber ich kann dir heute wenigstens das Haus zeigen.«

»Okay.« Lea macht ein gleichgültiges Gesicht.

Aber dann findet sie es doch ganz gut, neben Marie durch die Stadt zu brettern. Marie fährt anders als Mama und Papa, sportlicher. Dafür regt sie sich überhaupt nicht auf, als ein alter Mann umständlich sein Auto aus einer Parklücke rangiert und dabei den ganzen Verkehr aufhält. Da hätte Leas Vater schon lang geschimpft, dass man in dem Alter doch besser seinen Führerschein abgeben sollte.

Marie hat in einem Vorort gewohnt. Es ist vielleicht sogar einmal ein ziemlich vornehmer Vorort gewesen: Es gibt viele große Häuser mit parkähnlichen Gärten drum herum. Sie haben Erkerchen und Buntglasfenster, fast wie kleine Schlösser. Nur sind die kleinen Schlösser wohl seit längerer Zeit nicht renoviert worden, denn der Putz bröckelt und die Fensterläden hängen schief.

»Da drüben hab ich gewohnt.« Marie zeigt auf eines der Schlösschen mit Schiefergiebel.

»Wow! In so einem großen Haus?«

»Nur in zwei Zimmern davon.« Marie lenkt

den Wagen in eine verwilderte Einfahrt. »Und hier wohnen die Studenten.«

»Und Jimmy.«

»Jimmy, genau. Ist ja einer von ihnen.«

Die beiden steigen aus. Marie schließt das Auto nicht ab, sondern geht gleich mit schnellen Schritten zur Haustür. Über der Tür hängt eine richtige Kuhglocke mit Schnur dran, als Türklingel. Marie zieht ganz selbstverständlich an der Schnur, als wäre sie jeden Tag hier zu Besuch gewesen. Weil niemand öffnet, drückt sie einfach die Tür auf.

»Darfst du das?«, fragt Marie atemlos.

»Klar. Die hören wieder mal nichts.«

Zögernd folgt Lea ihr in einen Flur, in dem es nach Zigarettenrauch und Tee riecht. Marie klopft an eine blau gestrichene Tür, an der mit bunten Reißnägeln ein Konzertplakat festgepinnt ist. Dann macht sie auch diese Tür einfach auf.

An einem großen, mit Tassen voll gestellten Tisch sitzen zwei junge Männer, die überrascht aufschauen, als Marie mit Lea zur Tür reinspaziert.

»Hi! Du bist es«, sagt einer von ihnen. Er steht auf und nimmt Marie kurz in den Arm. Lea hält die Luft an. Weiß Papa, dass Marie sich von fremden Männern umarmen lässt?

»Das ist Jimmy«, sagt Marie lächelnd und macht sich los.

Aber dann entdeckt sie auf einem Stuhl an der Heizung ein wohlbekanntes Fellbündel: Miss Sophie.

»Da ist sie ja!« Marie stürzt auf Miss Sophie zu. Miss Sophie zieht gerade mal ein Augenlid hoch und mustert Marie gelangweilt. Dafür die ganze Aufregung? Für ein Tier, das nicht mal mit dem Schwanz wedelt, wenn Frauchen kommt? Nie im Leben würde Lea Casper gegen so eine Katze eintauschen, da kann sie so schön aussehen wie Schneewittchen und Madonna gleichzeitig.

»Wie hat sie das bloß geschafft?« Marie lässt sich auf einen Stuhl sinken und lockert ihren Schal.

»Tee?«, fragt der zweite junge Mann und deutet auf die blaue Kanne, die auf dem Tisch steht.

Marie nickt, worauf der zweite junge Mann misstrauisch in mehrere Tassen späht, bevor er eine offenbar unbenutzte darunter entdeckt. Er gießt eine schwarze Brühe ein. »Ist leider schon ein bisschen kalt«, murmelt er. »Soll ich noch einen aufgießen?«

Marie schüttelt den Kopf. »Schon gut.«

»Katzen schaffen so was«, sagt Jimmy. »Die haben so eine gute Orientierung. Die lassen sich nicht einfach von einem Zuhause ins andere umpflanzen.«

»Arme Miss Sophie.« Marie kauert sich vor ihrer Katze hin und krault sie hinter den Ohren. Miss Sophie miaut ein bisschen, streckt ein Vorderbein aus und macht Krallengymnastik.

»Jimmy hat sie ja auch immer schön gefüttert«, sagt der zweite Student.

Marie sieht Jimmy an.

»Na ja.« Er windet sich ein bisschen. »Die hat mich eben schon immer gern besucht. Und wer zu Besuch kommt, kriegt auch was zu fressen.«

»Hamburger und Würstchen.« Der zweite Student grinst. »Und Eiernudeln.«

»Was?« Marie starrt Jimmy entsetzt an. »Das verträgt sie doch alles gar nicht.«

»Hat ihr aber auch nicht wirklich geschadet, oder? Jedenfalls war sie unheimlich scharf drauf. Wahrscheinlich kriegt sie sonst nur Dosenfutter.«

»Sie hat einen empfindlichen Magen. Man kann ihr nicht einfach … jedenfalls …«

Marie verstummt. Lea kann ihr ansehen, dass es ihr gar nicht passt, wenn fremde Menschen ihre schöne Miss Sophie einfach mit Würstchen vollstopfen. Marie richtet sich wieder auf.

»Danke jedenfalls, Jimmy.« Sie nestelt an ihrer Handtasche.

»Was machst du da?«

»Finderlohn. Steht auf jedem Plakat.«

»Lass stecken.« Jimmy hat ein ganz rotes Gesicht. »Ich hab sie gar nicht gefunden. Sie ist einfach hierhergekommen.«

Marie zieht einen Zwanzigeuroschein aus dem Portemonnaie und hält ihn Jimmy hin.

»Nimm. Studenten haben doch kein Geld.«

Zögernd nimmt Jimmy den Geldschein. Er legt ihn auf die Fensterbank und stellt einen Basilikumtopf drauf.

»Ich leg ihn hierhin«, sagt er. »Und wenn Miss Sophie das nächste Mal kommt, kriegt sie Sheba mit Hummer und Kaviar.«

Marie sieht ihn an, als wüsste sie nicht, ob sie jetzt beleidigt sein soll, aber dann lacht sie.

»Ich hoffe nicht, dass es ein nächstes Mal geben wird. Das ist mir doch zu gefährlich mit den ganzen Straßen ...«

»Okay.«

Marie nimmt Miss Sophie auf den Arm. »Komm, meine Süße. Jetzt geht es nach Hause.«

Und da fängt Lea einen ganz merkwürdigen

Blick von Miss Sophie auf. Als würde die Katze sie fragen: »Wo ist das denn jetzt eigentlich, zu Hause? Kennst du dich da aus?«

Und Lea müsste antworten, dass sie es auch nicht weiß.

16.

Lea ist wieder bei Martin und den Jungs und ihren Hasen und natürlich ist alles mindestens genauso kompliziert wie bei Papa und Marie und der Katze. Es gibt nur schlechte Entwicklungen, zum Beispiel dass Yuri auf Mamas Schoß sitzt, als Lea aus der Schule kommt, und Jannis ihr ein großes Bild mit Blumen und sogar Herzchen gemalt hat. Und am allerschlimmsten ist, dass Mama sich richtig darüber freut.

»Weißt du, es hätte ja sein können, dass sie mich ablehnen«, sagt sie zu Lea, als die beiden Jungs draußen bei ihren Hasen sind. »Das hätte mich nicht gewundert nach der Sache mit ihrer Mutter …« Sie verstummt. Dass die Mutter von Yuri und Jannis tot ist, macht die Sache kompliziert. Man muss ständig Mitleid mit den Jungs haben und kann sie nicht von Herzen auf den Mond wünschen.

»Marie fährt gut Auto«, sagt Lea.

»So?« Mama wirft Lea einen kurzen Blick zu, dann greift sie nach der Zeitung.

»Und sie hat Backofenpommes gemacht. Nur wegen mir.«

»Dann vertragt ihr euch sehr gut, was?«

»Ja. Wir vertragen uns super.«

Mama nickt und klappt die Zeitung auf. »Das ist doch schön«, sagt sie, ohne aufzusehen.

»Aber Casper verträgt sich nicht mit Miss Sophie. Maries Katze.«

Jetzt klappt Mama die Zeitung wieder zu. »Dieser Hund macht aber auch wirklich alles kompliziert.«

»Er ist ein ganz normaler Hund. Er jagt Kaninchen und bellt Katzen an.«

Mama schüttelt langsam den Kopf »Aber das geht nicht.«

»Ich kann es aber nicht ändern.«

Ihre Mutter runzelt die Stirn. »Vielleicht sollte man mal so einen Tierpsychologen befragen. Weißt du, die sieht man doch manchmal im Fernsehen. So eine Art Supernanny für schlecht erzogene Hunde.«

»Casper ist nicht schlecht erzogen. Er benimmt sich ganz normal.«

»Jaja. Nun sei doch nicht gleich so empfindlich. Vielleicht kann man ihn dazu bringen, dass er die anderen Tiere in Ruhe lässt.«

»Und wenn nicht?«

Mama sieht Lea traurig an.

»Ich weiß auch nicht«, sagt sie. »Aber so geht es jedenfalls nicht. Jannis hat mich gestern Abend beim Ins-Bett-Bringen schon gefragt, ob Casper die Kaninchen beißt, wenn er wiederkommt. Er konnte ganz lange nicht einschlafen.«

Beim Ins-Bett-Bringen? Ihre Mutter bringt fremde Kinder ins Bett? Lea spürt, dass sie wütend wird.

»Ich kann ja gleich mit Casper ausziehen«, sagt sie böse. »Ihr braucht mich ja alle sowieso nicht mehr. Ihr seid ja froh, wenn ihr mich los seid.«

»Ach, Lea.« Ihre Mutter versucht, sie in den Arm zu nehmen, aber Lea reißt sich los und rennt in ihr Zimmer, in dem Casper eingesperrt ist. Sicher läuft ihre Mutter ihr nach und klopft, aber sie wird sie nicht reinlassen.

Aber da hört sie, wie die Haustür aufgeht und die Jungs plappernd und polternd ins Haus rennen.

»Sabine!«, rufen sie. »Sabine, wo bist du? Wir müssen dir was zeigen.«

Sabine ist Leas Mutter. Wenigstens sagen sie noch nicht Mama zu ihr.

Lea setzt sich auf den Teppich zu Casper.

»Die wollen uns nirgendwo haben«, flüstert sie ihm ins Ohr.

Casper niest und legt sich dann auf den Rücken. Lea kitzelt seinen Bauch. Der ist ganz rosa mit wenigen kurzen weißen Härchen drauf. Lea hat das Gefühl, dass sie jedes einzelne dieser Härchen kennt, so oft hat sie schon Caspers Bauch gekrault. Nie im Leben wird sie Casper weggeben. Casper ist der Einzige, der ihr richtig treu ist. Alle anderen haben jetzt Ersatzkinder und Ersatzfreunde und was noch alles. Sie hat nur Casper.

»Vielleicht können wir zu Oma ziehen«, sagt sie mutlos.

Casper niest noch mal und wälzt sich wieder auf den Bauch. Er kratzt sich mit dem Hinterbein am Ohr.

»Lea!«, ruft eine Jungenstimme vor ihrer Tür. Sie kann noch nicht erkennen, ob es die von Yuri oder die von Jannis ist. »Lea, können wir mit Casper spazieren gehen?«

»Nein!«, schreit Lea. Sie springt auf und schließt die Tür ab.

Leider hat Casper das Zauberwort »spazieren gehen« gehört. Er ist auf den Beinen, wedelt mit dem ganzen Hinterteil und hechelt Lea erwartungsvoll an.

»Später«, knurrt sie leise. Das Wedeln wird schwächer. Casper setzt sich hin und lässt den Kopf hängen.

Eine halbe Stunde später, als die Jungs in ihrem Zimmer Lego bauen und dazu in voller Lautstärke eine Kassette von Käpt'n Blaubär hören, schleicht Lea mit Casper aus dem Haus. Sie will die Zwerge nicht mitnehmen. Die machen sowieso schlapp, bevor sie die alte Kiesgrube erreicht haben. Es hat aber keinen Sinn, Casper nur an der Leine durch ein paar Straßen zu schleifen. Er muss rennen. Casper muss jeden Tag rennen, sonst wird er verrückt, und Lea rennt manchmal einfach mit, bis sie völlig aus der Puste ist.

Dann fängt das ganz normale Leben wieder an, sagt Leas Mutter. Sie meint damit, dass sie wieder normal arbeiten geht. Zweimal in der Woche arbeitet sie nur halbtags. An den übrigen Tagen wird Hilde sich um die Kinder kümmern, bis Leas Mutter nach Hause kommt.

»Die Oma kocht gut!«, verkündet Jannis ganz stolz. »Und die kann prima vorlesen!«

»Ich kann selber lesen«, sagt Lea mürrisch.

Beim Frühstück am Montag ist sie nur schlecht gelaunt.

»Wahrscheinlich passt Hilde auf, dass ich mir die Hände vor dem Essen wasche und so was.«

»Das ist ja nicht ganz verkehrt«, meint ihre Mutter nur.

Lea kaut auf ihrem Brot herum, als wäre es aus Stroh. Sie schreiben heute Englisch und sie hat fast keine Vokabeln gelernt. Man kann auch keine Vokabeln lernen, wenn nebenan die Jungs so laut Käpt'n Blaubär hören. Sie sieht auf die Uhr: Es ist schon spät.

»Kannst du mich nicht in die Schule fahren?« Lea sieht ihre Mutter bittend an. »Es ist so umständlich mit dem Bus.«

»Ich weiß.« Ihre Mutter wuschelt ihr durch die Haare. »Aber ich bin wirklich schon zu spät dran. Wenn wir mal früher aus dem Bett kommen, schaff ich's vielleicht.«

Martin bringt die Jungs in Schule und Kindergarten. Sie haben es nicht weit und müssen erst in einer Dreiviertelstunde aus dem Haus gehen. Wenigstens hat Lea ihre Mutter beim Frühstück für sich.

»Tschüss, Casper.« Lea bückt sich und krault ihren Hund hinter den Ohren. Sie hat kein gutes Gefühl dabei, ihn hier allein zurückzulassen. Martin und die Jungs gehen ja noch, aber später kommt Hilde, und die kann Casper überhaupt nicht leiden, das ist schon völlig klar.

Die Englischarbeit in der zweiten Stunde läuft erwartungsgemäß schlecht.

In der vierten Stunde haben sie Deutsch. Lea guckt ständig auf die Uhr. Jetzt, um elf ungefähr, kommt Hilde und fängt mit den Vorbereitungen für das Mittagessen an. Sicher sperrt sie Casper sofort in Leas Zimmer. Vielleicht macht sie auch einfach die Tür auf und hofft, dass er abhaut und nie wiederkommt. Vielleicht geht es Casper dann so wie Miss Sophie und er läuft einfach los und sucht das alte Haus. Lea hat keine Ahnung, ob Hunde sich auch so gut zurechtfinden wie Katzen oder ob sich Casper rettungslos verirren wird und nie mehr nach Hause findet, in eins seiner zwei Zuhause.

»Lea, du träumst schon wieder.« Frau Riester steht vor Leas Tisch. »Kannst du jetzt bitte mal weiterlesen?«

Lea starrt sie verwirrt an, dann schaut sie genauso verwirrt auf das aufgeschlagene Buch, das vor ihr auf dem Tisch liegt.

»Tobias, zeig ihr mal, wo wir sind.« Frau Riester seufzt. Tobias beugt sich rüber und tippt mit dem Finger auf die Stelle im Text, an der Lea weiterlesen soll.

»Vielleicht solltest du mal früher ins Bett gehen«, sagt Frau Riester.

Lea widerspricht nicht, obwohl sie früh ins Bett gegangen ist. Das ganze Früh-ins-Bett-Gehen nützt nichts, wenn man anschließend nicht schlafen kann und sich alle möglichen Sorgen machen muss. Und wenn man dann wieder ganz früh aufwacht, wenn es noch ganz dunkel ist, und im ersten Moment nicht weiß, in welchem Haus man aufwacht. Und wenn man dann Heimweh hat und genau weiß, dass es gar kein Zurück ins richtige Zuhause mehr geben kann. Weil zu einem Zuhause mehr gehört als nur die vier Wände, die Fenster und das Dach. Dazu gehört auch, dass einem die Menschen, die in dem Haus wohnen, vertraut sind, dass man weiß, man gehört zu ihnen. Und so ein Zuhause hat Lea jetzt eben nicht mehr.

Mit jeder Bushaltestelle auf dem Weg nach Hause wird Leas Stimmung düsterer, und es sind wirklich viele Haltestellen. So grau hat die Stadt noch nie ausgesehen; die Tauben wirken räudig und hysterisch; die Stimme vom Tonband, die die Namen der Haltestellen ansagt, hat heute einen eisigen Klang; drei vielleicht fünfzehnjährige Jungs mit Kopfhörern kauen mit offenen Mündern Kaugummi, sehen Lea an und machen irgendwelche Bemerkungen, die sie nicht verstehen kann. Vielleicht reden sie ja gar nicht über Lea, sondern glotzen nur aus dem Fenster, vor dem sie sitzt. Lea drückt sich an die Wand, aber die ist kühl und feucht. Sie ist froh, als die drei Jungs aussteigen. Und gleichzeitig fühlt sie sich ohne sie erst recht verlassen.

Endlich hält der Bus in der Otto-Lilienthal-Straße, gar nicht weit von Martins Haus entfernt. Die Adresse vom alten Haus ist viel schöner: Steinbrunnenweg. Den Brunnen hat sie nie gesehen. Otto Lilienthal aber auch nicht.

Als Hilde ihr die Tür aufmacht, sieht Lea genau, dass ihr schlechtes Gefühl absolut berechtigt war. Hilde lächelt zwar, aber ihr Kinn wirkt verkrampft und ihre Augen funkeln kalt. Sie fragt nicht, wie die Englischarbeit war – sie kann ja gar nicht wissen, dass Lea eine geschrieben hat –, sondern kommt sofort zur Sache:

»Eins muss ich dir sagen, dass mit diesem Hund, das geht nicht.«

Sie sagt Hund, sie sagt nicht Köter, aber man kann auch das Wort »Hund« so aussprechen, dass es wie »Köter« klingt.

Lea schiebt sich an ihr vorbei, ohne zu antworten.

Da sitzt Casper. Er sitzt mit großen traurigen Augen an der Garderobe angeleint und wedelt nur schwach mit dem Schwanzstummel, als Lea sich zu ihm runterbückt.

»Na, du Armer, was ist denn los?«

Lea hakt die Leine los.

»Lass ihn bloß dran«, sagt Hilde schnell von hinten. Und dann ergießt sich ihr Redeschwall wie eine kalte Dusche über Leas Rücken. »Er hat nichts anderes vor, als in den Garten zu rennen und den beiden Kaninchen den Garaus zu machen. Vorhin, ich hab nur mal schnell Schnittlauch geholt … weg war er. Kann er eigentlich Türen aufmachen? Und dann steht er vor dem Gitter und ich krieg ihn da kaum weg, kann ja nicht sicher sein, ob er mich nicht beißt, wenn ich ihn am Halsband ziehe, bei diesen kleinen Hunden weiß man ja nie, und die Kaninchen, also, denen geht es wirklich nicht gut, und jetzt sind die Jungs da, ich darf gar nicht dran denken, wenn wirklich was passiert, ich hab ihm eins drauf gegeben, aber ich glaube nicht, dass das was nützt bei dieser Rasse, den hätte man von klein auf erziehen müssen …«

»Komm«, sagt Lea leise zu Casper, geht mit

ihm in ihr Zimmer und macht die Tür hinter sich zu.

»Ich hab dein Essen warm gehalten«, ruft Hilde ihr nach.

»Hab keinen Hunger!«

Lea legt sich auf ihr Bett und starrt die fremde Decke an. Casper springt ebenfalls hoch, drückt sich an sie und legt seine lange Schnauze auf ihren Oberschenkel. Er seufzt. Casper kann so tief seufzen wie ein Mensch.

»Ich kauf dir Dosenfutter mit Kaninchen drin«, flüstert Lea. Obwohl sie so was nie tun würde. Kaninchen sind so niedlich, dass sie ihnen nicht mal in so einem Moment etwas Böses wünschen kann. Die beiden Langohren können schließlich auch nichts dafür, dass Leas Mutter sich in diesen Martin verknallt hat.

Lea bleibt in ihrem Zimmer, bis ihre Mutter von der Arbeit kommt. Gut, dass sie noch einen Schokoriegel und eine etwas angematschte Banane im Rucksack hat. Auf Hildes Mittagessen kann sie verzichten. Die klopft natürlich noch ein paar Mal an die Tür und zetert, aber das ist Lea egal. Schließlich ist es nicht ihre Oma. Sie hört die Jungs im Garten rumtoben. Casper spitzt die Ohren und sieht in Richtung Fenster.

»Du würdest gern mitspielen, oder?«, fragt Lea. Sie streicht Caspers Ohren glatt. »Sie lassen dich nicht, was?«

Casper streckt eine Hinterpfote nach vorne und knabbert an seinen Krallen. Vielleicht wird er langsam verrückt.

Lea steht wieder auf und legt eine CD ein, damit sie die ganzen falschen Familiengeräusche nicht mehr hören müssen. Sie kramt ihr Handy aus der Jacke und schreibt eine SMS an Tobias: »Ich halt das hier nicht aus. Die sperren uns ein. Ich glaube, ich laufe weg. Weiß nur nicht wohin. Lea.« Sie schickt die Nachricht weg, obwohl ihr klar ist, dass sie die Sache dramatisiert. Eigentlich ist doch gar nichts passiert. Es ist doch völlig klar, dass Hilde zu den Jungs und ihren Kaninchen hält.

Weil Lea wegen der Musik keine falschen Familiengeräusche mehr hört, kriegt sie gar nicht mit, dass ihre Mutter nach Hause kommt. Sie kriegt es erst mit, als die heftig an die Tür poltert: »Lea, mach jetzt auf!«

Lea schließt auf und öffnet die Tür. Ihre Mutter bleibt aber vor der Tür stehen, anstatt reinzukommen. »Zuerst machst du die Musik leiser«, sagt sie scharf. »Bist du denn verrückt? Du wohnst doch nicht allein hier.«

»Ich wohn hier überhaupt nicht«, flüstert Lea.

»Was?«

»Nichts.«

Lea schaltet die Musik aus. Jetzt wagt sich ihre Mutter in das kleine Zimmer.

»Du hast die Kisten immer noch nicht ausgepackt«, stellt sie fest.

Lea zuckt mit den Schultern.

Da legt ihre Mutter ihren Arm um sie.

»Was ist eigentlich los?«, fragt sie leise.

»Die wollen Casper nicht. Hilde hat ihn einfach angebunden und nur über ihn geschimpft. Aber er kann doch gar nichts dafür.«

Ihre Mutter setzt sich aufs Bett.

»Hilde hat vielleicht ein bisschen Angst.«

»Angst? Vor Casper?«

»Nein, das glaube ich nicht. Ich meine, Angst vor der Verantwortung. Stell dir vor, es würde etwas mit den Kaninchen passieren, während sie mit Casper allein ist. Martin würde ihr Vorwürfe machen und die Jungs wären … du weißt ja, es wäre eine Katastrophe.«

»Die blöden Kaninchen«, faucht Lea.

»Die waren nun mal zuerst da.«

»Ja und? Ich wollte ja gar nicht hierherkommen. Und Casper auch nicht.«

»Wir wohnen jetzt aber nun mal hier. Wir müssen uns hier irgendwie einpassen.«

»Und zu Hause? In unserem alten Haus? Da darf Casper ja auch nicht mehr sein.«

Ihre Mutter schüttelt den Kopf. »Na, das kann ja wohl nicht sein. Marie wird doch da ein bisschen zurückstecken können.«

»Tut sie aber nicht. Sie will Casper auch nicht haben.«

»Und was sagt dein Vater dazu?«

»Der hält natürlich zu seiner blöden Marie. Wie du zu Martin.«

Ihre Mutter sieht sie verärgert an. »Immerhin hast du jetzt nicht ›zu deinem blöden Martin‹ gesagt.«

»Hab ich auch nicht.«

Ihre Mutter seufzt jetzt auch so schwer wie Casper vorhin.

»Ich glaube, wir brauchen eine Familienkonferenz.«

»Welche Familie denn?«, fragt Lea trotzig.

»Was? Ach so. Dein Vater und ich und Martin und Marie und du, dachte ich mir.«

»Hilde und die Jungs?«

»Nein, die nicht.«

»Familienkonferenz ist aber mit allen.«

»Mit dir kann man ja überhaupt nicht reden.« Ihre Mutter steht auf. »Wenn du dich beruhigt hast, komm runter und iss wenigstens den Nachtisch.«

»Und Casper?«

»Den bringst du mit. Man kann ihn ja nicht die ganze Zeit einsperren.«

Lea schweigt. Sie wartet noch einen kleinen Moment, bis sie aus ihrem Zimmer kommt. Leider muss sie dringend aufs Klo, sonst hätte sie noch stundenlang ausgeharrt. Hier braucht sie ja sowieso keiner.

»Dein Pudding steht im Kühlschrank«, sagt Hilde, als Lea auftaucht. Ihre Stimme klingt freundlich. »Und wenn du essen willst, mach ich dir die Nudeln noch mal warm.«

Aber Lea schüttelt den Kopf.

»Ich muss mit Casper rausgehen. Der kann ja nicht eingesperrt bleiben.«

»Ich komme mit.« Ihre Mutter dreht sich zu Hilde um. »Können Sie – kannst du noch eine Stunde mit den Jungs hierbleiben?«

Hilde nickt.

»Wir können mit dem Auto zum Waldrand fahren. Damit Casper sich mal austoben kann.«

Lea nickt und geht noch mal kurz in ihr Zimmer, weil sie vorhin noch nicht mal ihre Schuhe an der Garderobe ausgezogen hat.

Es wird ein fast fröhlicher Spaziergang. Casper tobt herum wie ein Strafgefangener, der nach Jahren zum ersten Mal wieder ins Sonnenlicht darf. Lea und ihre Mutter reden über alles Mögliche. Sie reden nicht über Martin und die Jungs, nicht über Marie und das neue Baby. Sie reden über Leas Schule und über ein Buch, das sie gerade liest, sie reden über einen Patienten von Leas Mutter, der heute zum ersten Mal ein K richtig aussprechen konnte und sich so gefreut hat, dass er ihr einen Kuss gegeben hat.

»Erzähl es Martin nicht!« Leas Mutter grinst. Aber ihr Patient war erst neun Jahre alt und Martin würde bestimmt nicht eifersüchtig werden.

Leider sieht Mama dann schon wieder auf die Uhr. »Wir können Hilde nicht so lang zappeln lassen«, sagt sie. »Sie hat ja noch einen eigenen Haushalt.«

»Warum zieht sie nicht gleich bei uns ein?«

»Ich glaube nicht, dass sie das möchte.« Mama lacht, aber Lea sieht, wie es in ihren Augenwinkeln zuckt, und weiß genau, ihre Mutter möchte das auch nicht.

»Es ist ja auch gar kein Platz«, sagt sie deswegen.

»Nein. Jedenfalls im Moment nicht. Wir wollten ja vielleicht das Dach ausbauen.«

»Ich habe gedacht, dann kriege ich ein Zimmer.«

»Ja, natürlich. Natürlich bist du zuerst dran.«

Auf dem Rückweg im Auto wird Leas Stimmung wieder schlechter. Der Spaziergang war schön, aber es ist trotzdem ein schlechter Tag.

»Was piepst denn da?«, fragt ihre Mutter, ohne den Blick von der Fahrbahn zu wenden.

»Mein Handy.«

»Neuer Ton?«

»Ja.«

Lea tastet nach ihrem Handy. Sie zieht es raus und guckt aufs Display. Es ist eine SMS von Tobias.

»Zieh zu uns. Dein Freund Tobias.«

Tobias schreibt nicht gern lange Nachrichten. Aber es sind trotzdem die nettesten Nachrichten, die man kriegen kann.

17.

Die Familienkonferenz findet schon am nächsten Abend statt.

»Eigentlich hatten wir uns gedacht, wir treffen uns an einem neutralen Ort.« Leas Mutter lächelt. »Einer Pizzeria vielleicht. Aber das hat leider nicht geklappt. Wir können die Jungs nicht allein lassen.«

Lea zieht einen Flunsch. »Pizzeria ist besser. Warum passt Hilde nicht auf?«

»Hilde ist doch fast jeden Tag hier. Ich möchte sie nicht überbeanspruchen. Weißt du was? Martin hat angeboten, dass er selbst Pizza bäckt. Du kannst dir den Belag wünschen.«

»Die ist nicht so gut wie in der Pizzeria.«

»Du kennst sie doch überhaupt nicht.«

Dagegen kann Lea leider nicht viel sagen. Es ist wahr, sie hat Martins Pizza noch nie probiert. Aber es ist trotzdem was anderes. Es gibt keinen Kellner und keine Speisekarten und keine anderen Leute, die Pizza essen und sich über ihre Probleme unterhalten, und keine italienische Musik im Hintergrund.

Und außerdem sind die Jungs dabei.

Lea kann sich nicht auf ihre Hausaufgaben konzentrieren. Ihr Herz schlägt so schnell, sie schwitzt an den Händen und sie kann nicht klar denken. Irgendwie findet sie es komisch, dass ihr Vater und Marie hierherkommen. Die haben nun wirklich überhaupt nichts in Martins Haus verloren. Es ist, als würden die Dinge immer mehr durcheinandergeraten.

Martin hantiert in der Küche. Lea gibt sich einen Ruck. Sie kann ihn ja mal fragen, ob er Hilfe braucht.

»Nein danke.« Martin sieht von seinem Schneidebrett, auf dem er gerade Paprikaschoten zerkleinert, auf. »Ich komm zurecht. Es soll ja so sein wie in der richtigen Pizzeria. Nur bestellen und essen.«

Er grinst und Lea findet ihn mal wieder fast sympathisch.

Da kommt ihre Mutter herein. Lea fällt auf,

dass sie sich schick angezogen und geschminkt hat, als würde richtiger Besuch kommen. Martin scheint es auch aufzufallen, denn er betrachtet Leas Mutter einen Moment lang mit gerunzelter Stirn, bevor er sich wieder seinem Schneidebrett zuwendet. Er nimmt sich jetzt den Knoblauch vor und hackt ziemlich heftig auf ihn los.

»Soll ich mich etwa rasieren?«, fragt er.

Leas Mutter fährt vorsichtig mit der Handfläche über sein Kinn. Genau das hat sie früher mit Papa gemacht, wenn der einen Stoppelbart hatte. Lea guckt schnell weg.

»Du weißt doch, Dreitagebart steht dir«, sagt Leas Mutter und küsst Martin auf die Stoppelbacke. Lea hört es und spürt es, auch wenn sie es nicht sieht.

»Ich deck den Tisch«, murmelt sie und flüchtet aus der Küche.

»Nimm das blau karierte Tischtuch!«, ruft Martin ihr nach.

Lea deckt einen italienischen Tisch. Jedenfalls so, wie sie sich einen italienischen Tisch vorstellt. Mit Weingläsern und Brotkörbchen und den verchromten Öl- und Essigkännchen und dem kleinen Becher mit den Zahnstochern. Für den Fall, dass Mozzarellafäden zwischen den Zähnen hängen bleiben oder so etwas.

Jannis und Yuri werden mit Nudeln abgespeist und müssen früh ins Bett. Yuri mault, aber Martin lässt nicht mit sich reden.

»Heute müsst ihr euch eben mal nach Lea richten«, sagt Martin.

»Lea hat aber gar nichts zu bestimmen«, stellt Yuri fest. Er stellt sich herausfordernd vor seinen Vater. »Weil sie nämlich gar nicht meine Schwester ist.«

Komisch. Lea weiß natürlich auch, dass sie nicht seine Schwester ist und möchte es auch gar nicht sein, besten Dank auch, aber trotzdem … wenn er es so klipp und klar sagt, gibt es ihr einen Stich.

»Aber es ist ihr Abend.« Martin legt Yuri die Hand auf den Kopf. »Es geht um sie und nicht um euch. Das werdet ihr sicher mal aushalten.«

»Wieso geht es um mich?« Lea starrt ihn verblüfft an. »Ich denke, es geht um Casper und die Kaninchen.«

»Casper darf die Kaninchen nicht fressen!« Yuri funkelt Lea feindselig an.

»Das wissen wir. Geh jetzt ins Bad und putz dir die Zähne, ja?«

Da klingelt es auch schon.

Marie hat sich auch so schick gemacht wie Mama. Die beiden reichen sich spitze Hände.

»Wie geht es dir, Marie?«, fragt Leas Mutter. »Wird es langsam besser mit der Übelkeit?«

»Mir war doch gar nicht übel«, sagt Marie. Lea starrt sie verblüfft an. Klar war Marie übel, fast jeden Tag, jedenfalls solange Lea zu Besuch war.

»Die Pizza ist schon im Ofen.« Martin ist hinter Leas Mutter aufgetaucht und legt ihr die Hand auf die Schulter. »Ich hoffe, ihr habt kein Problem mit Knoblauch.«

Das hat keiner, und so sitzen alle fünf wenig später am Tisch und lassen es sich schmecken. Lea sitzt am Kopfende des Tischs. Links von ihr sitzen ihre Mutter und Martin, rechts ihr Vater und Marie. Lea beobachtet Marie und Martin genau. Lächeln sie sich zu, blinzeln sie? Werden sie nicht jeden Moment erkennen, dass sie beide zusammengehören und Leas Eltern doch am besten beieinander aufgehoben sind? Aber dann fällt ihr das Baby ein, Maries Baby, Papas Baby, und ihr wird ganz schwer im Bauch.

»Bist du satt?«, fragt ihr Vater.

Lea nickt.

»Ich kann auch nicht mehr«, stöhnt Marie und nippt an ihrem Mineralwasser.

Martin nimmt einen großen Schluck Rotwein.

»Dann kommen wir mal zur Sache.« Er

schmunzelt. »Es geht um diesen netten vierbeinigen Hausgenossen, der gerade unterm Tisch die Krümel einsammelt.«

Alle werfen einen Blick unter den Tisch. Da liegt Casper hechelnd mit angelegten Ohren und wartet, dass was runterfällt.

Martin wird ernst. »Wir haben leider festgestellt, dass er einen ausgeprägten Jagdinstinkt hat.«

»Das stimmt allerdings.« Marie nickt und tupft sich mit der Serviette die Lippen ab.

»Nun haben wir ja beschlossen, dass Lea zumindest vorerst zwischen uns pendeln wird«, fährt Martin fort. Lea starrt ihn böse an. Was hat er denn schon beschlossen? Er ist doch nicht ihr Vater. Sie guckt zu ihrem richtigen Vater und stellt fest, dass auch er die Stirn runzelt. »Die Frage ist: Was machen wir mit Casper?« Martin verstummt. Weil niemand etwas sagt, setzt er dann noch hinzu: »Hier bei uns ist die Situation kaum erträglich. Meine Jungs … ihr wisst, wie sie an den Kaninchen hängen … wir müssen ständig auf der Hut sein. Und für Casper ist es doch auch nicht gut, wenn er dauernd eingesperrt ist.«

Lea starrt Martin an. Plötzlich dämmert es ihr. Martin will Casper loswerden! Sie spürt, wie ihr schlecht wird. Ihr Herz hämmert. Sie müsste jetzt etwas sagen, aber sie kann nicht.

»Bei uns ist es dasselbe.« Marie seufzt. »Meine Katze hat keine ruhige Minute.«

»Casper und Lea gehören zusammen«, sagt Leas Mutter sehr bestimmt.

»Ich hätte ja nichts gegen ihn. Kann man ihn nicht noch erziehen? Ich meine, die Hasen … die kann man doch irgendwo sicher einsperren … der Garten ist groß.« Marie lächelt Lea zu. »Bei uns ist es schon schwieriger.«

Warum kann Lea nichts sagen? Warum kann sie nicht schreien?

»Hast du keine Angst, dass es Probleme mit der Katze und dem Baby gibt?«, fragt Mama sie jetzt. »Ich meine, Siamkatzen sind doch sehr personenbezogen. Es kann sein, dass sie eifersüchtig wird … man weiß nie …«

»Willst du damit sagen, dass ich meine Katze abschaffen soll?« Marie starrt Mama kriegerisch an. Die gute Pizza-Stimmung ist verflogen. Leas Vater legt seine Hand auf die von Marie, aber sie zieht sie ihm weg. »Ich habe mein eigenes Leben aufgegeben, sogar die meisten Möbel, und jetzt soll ich auch noch meine Katze abschaffen?«

»Das verlangt doch keiner.« Leas Vater versucht zu lächeln. »Miss Sophie ist wie ein Kind für sie«, erklärt er entschuldigend.

»Aber sie bekommt jetzt ein richtiges Kind«, sagt Leas Mutter.

Marie hat Tränen in den Augen.

»Miss Sophie gehört zu mir«, sagt sie.

»Und Casper gehört zu mir!« Endlich schafft Lea es, etwas zu sagen. Alle sehen jetzt sie an.

»Aber er ist das Problem«, sagt Martin.

»Na und?«

»Ich finde, ihr solltet ihn nehmen.« Martin sieht Leas Vater an, als erwarte er eine harte Männerentscheidung.

»Was?« Lea hält es nicht mehr auf ihrem Stuhl aus. »Casper geht nicht ohne mich weg!«

»Nur bis wir eine bessere Lösung gefunden haben!«, sagt Martin beruhigend. Leas Mutter sagt nichts. Sie nagt an ihrer Unterlippe.

»Ich lasse nicht zu, dass er Miss Sophie verjagt!« Maries Stimme ist schrill. »Sie ist schon mal weggelaufen. Ein reines Wunder, dass sie nicht überfahren worden ist. Das Risiko möchte ich nicht noch mal eingehen. Zu uns kann er auf keinen Fall.«

»Und hier kann er auch nicht bleiben«, sagt Martin mit fester Stimme.

Das soll eine Familienkonferenz sein? Das ist

eine Gerichtsverhandlung und sie und Casper sind die Angeklagten.

»Ach, sei nicht egoistisch, Marie.« Leas Mutter lächelt. »Für Lea ist es wichtig, dass Casper irgendwo bleiben kann, wo sie ihn oft sieht.«

»Ich, egoistisch?« Marie ist ganz blass. »Ich hätte lieber mein eigenes Haus gehabt, meine eigenen Sachen ... Ich war sofort bereit, Lea jede zweite Woche bei uns aufzunehmen ...«

»Na, das ist doch jetzt hier nicht die Frage ...« Martin reckt den Rücken gerade und sieht Leas Vater Hilfe suchend an.

»Ich finde es nicht angebracht, Marie jetzt anzugreifen.« Leas Vater kriegt ein rotes Gesicht. »Schließlich geht es nur um den Hund. Er kann nicht zu uns, er kann nicht zu euch. Die Frage ist, was jetzt mit ihm passiert.«

Lea starrt ihren Vater an, als wäre der gerade mit einem Raumschiff vom anderen Stern in ihrem Wohnzimmer gelandet.

Im Raum herrscht einen Moment lang Schweigen, als wären alle über sich selbst erschrocken.

Dann spricht wieder Leas Mutter. Ihre Stimme ist betont ruhig, aber wer sie kennt, spürt, wie es in ihr brodelt.

»Ihr wisst, was Martins Kinder durchgemacht

haben. Es mag hart für dich sein, Marie, dich von deiner Katze zu trennen. Aber du bist eine erwachsene Frau, du wirst Mutter, du wirst zwangsläufig lernen, deine eigenen Bedürfnisse zurückzunehmen ...«

Marie wird puterrot. »Ich lasse mich hier nicht wie eine egoistische Göre behandeln«, sagt sie. Sie sieht Leas Vater an. »Lass uns gehen. Das führt zu nichts.«

»Ich finde deinen Tonfall auch nicht in Ordnung«, sagt Leas Vater zu Leas Mutter. »Marie hat recht, so kommen wir nicht weiter.«

Martin füllt sein Rotweinglas bis zum Rand, ohne jemand anderem etwas anzubieten. Er sagt gar nichts mehr. Marie steht auf, greift nach ihrer Handtasche, sieht Leas Vater auffordernd an. Der schüttelt entnervt den Kopf, dann steht auch er auf.

»Was ist denn jetzt?«, fragt Lea mit dünner Stimme. »Was machen wir denn?«

Alle sehen sie überrascht an, als hätten sie ganz vergessen, dass sie auch noch da ist.

Leas Mutter zuckt mit den Achseln. »Keine Ahnung.«

Casper läuft Leas Vater nach, als er mit Marie zur Garderobe geht und die Jacken vom Haken nimmt. Er kläfft einmal auffordernd, in der

Hoffnung dass es jetzt noch einen Abendspaziergang gibt. Aber Leas Vater beachtet ihn gar nicht. Er hilft Marie in ihre Jacke, drückt Lea mechanisch an sich. Dann ist Lea mit ihrer Mutter und Martin allein.

»Für so zickig hätte ich sie gar nicht gehalten.« Martin nimmt einen großen Schluck Wein. »Oder liegt das an der Schwangerschaft?«

»Bernhard frisst ihr aus der Hand.« Die Augen von Leas Mutter funkeln wütend. »Das hätte ich ihm auch nicht zugetraut.«

»Lea, du gehst wohl am besten schlafen.« Martin steht auf und greift nach den zwei halb vollen, verlassenen Weingläsern von Marie und Leas Vater.

»Wenn Casper nicht bleiben kann, bleib ich auch nicht hier.« Leas Stimme zittert.

»Vielleicht kann hier ein Mensch mal vernünftig sein?« Martin sagt nicht, von welchem Menschen er das jetzt erwartet. Er geht einfach in die Küche und klappert dort wütend mit dem Geschirr.

»Wir werden schon eine Lösung finden.« Leas Mutter dreht ihr Weinglas zwischen den Händen. Sie sieht sehr müde aus. »Wir können uns doch jetzt nicht alle nur wegen einem Hund in die Wolle kriegen.«

Als wäre Casper das: nur ein Hund.

18.

Lea liegt die ganze Nacht wach. Casper neben ihr auf dem Teppich schläft schon längst, zuckt manchmal mit den Pfoten und fiept leise. Lea fühlt sich sogar von ihm verraten. Wie kann er schlafen, wenn man ihn von Lea trennen möchte? Wieso spürt er nicht, wie schlecht es Lea geht?

Lea wirft sich von einer Seite auf die andere. Sie sieht Bilder vor sich, die ins Kino oder ins Fernsehen gehören. Einen mageren, schmutzigen Casper, der allein an einer Landstraße entlangtrottet, die Autos hupen, in seinem Blick nur die Sehnsucht nach seinem Frauchen, nach Lea … Einen Casper mit großen Augen, hechelnd hinter den Gittern eines Tierheims, das natürlich von einer Bande grausamer Labortierfänger nur zum Schein betrieben wird ... Dann wieder die Landstraße, diesmal nicht nur Casper, sondern auch sie selbst, Lea. Sie trägt den blauen Blumenrucksack mit ihrer wichtigsten Habe und ihre grüne Allwetterjacke und ihre Wanderschuhe. Sie hat einen Kompass dabei und ein Taschenmesser, denn von nun an wird sie mit Casper im Wald leben, wo sie niemand findet. Nur mit Tobias wird sie per SMS in Kontakt bleiben, solange der Akku hält natürlich nur.

Lea knipst das Licht an. Sie muss vernünftig bleiben. In den Wald kann sie mit Casper nicht ziehen, es muss also eine andere Lösung geben. Ob sie nicht wirklich mit ihrem Hund zu Tobias ziehen kann? Sie mag seine Mutter gerne, sie ist herzlich und mischt sich nicht in alles ein. Aber Lea ahnt schon, dass das nichts werden kann. Tobias und seine Mutter und der Zwerg wohnen in einer kleinen Wohnung, die eigentlich für sie drei schon zu eng ist. Sie haben einfach keinen Platz für Lea und Casper. Es hat gar keinen Sinn, sie zu fragen.

Vielleicht Oma und Opa? Die Großeltern haben keine Katze und keine Kaninchen und sie mögen Casper. Casper mag sie auch gerne, obwohl sie ziemlich streng zu ihm sind und ihn nie vom Tisch füttern.

Lea setzt sich im Bett auf, aber dann legt sie sich wieder hin. Man kann Großeltern nicht mitten in der Nacht anrufen, denn dann denken sie, es ist jemand gestorben, und so weit ist es ja noch nicht. Allerdings ist es Lea klar, dass sie ohne Casper einfach nicht mehr weiterleben wird.

Außerdem wohnen die Großeltern ziemlich weit weg, in einer anderen Stadt. Das bedeutet, dass Lea die Schule wechseln müsste. Das würde ihr ziemlich schwerfallen, schon allein wegen Tobias. Der ist schreibfaul, lange Briefe kann man also von ihm nicht erwarten. Lea dreht sich seufzend auf die andere Seite. Es müsste eine andere, einfachere Lösung geben. Die Zeit zurückdrehen zum Beispiel. Und dann anhalten. Kaum vorstellbar, dass vor etwas mehr als einem Jahr noch alles in Ordnung war. Jedenfalls ist ihr, Lea, damals noch nicht aufgefallen, dass etwas nicht stimmt. Ihre Mutter hat ja dann später gesagt, dass sie und Papa schon länger nicht mehr gut miteinander ausgekommen sind.

Ein einsames Motorrad nähert sich von Weitem, prescht viel zu schnell am Haus vorbei. Ein Hund bellt, wahrscheinlich der Schäferhund von der Kneipe an der Ecke, aber Casper rührt sich nicht.

»Du siehst blass aus«, sagt ihre Mutter am nächsten Morgen erschrocken, als Lea in der Küche auftaucht. »Bist du krank?«

Lea wirft ihr nur einen verächtlichen Blick zu. Als ob ihre Mutter nicht wüsste, warum es Lea nicht gut geht! Sie setzt sich an den Tisch und starrt in ihren Kakao, ohne ihn anzurühren.

»Was ist los, Lea?« Leas Mutter setzt sich neben sie. »Hast du schlecht geträumt? Red doch mit mir.«

Lea zuckt nur mit den Schultern. Wenn ihre Mutter nicht von selbst drauf kommt, dass Lea wegen Casper schlecht geschlafen hat, dann hat sie auch kein Recht darauf, irgendetwas zu erfahren.

»Ist es wegen Casper?«, fragt Leas Mutter.

Lea nickt, ohne sie anzusehen.

Ihre Mutter seufzt. »Mach dir doch nicht so viele Gedanken«, sagt sie leise. »Wir wollen dir Casper doch nicht wegnehmen.«

Lea schweigt. Ihre Mutter steht wieder auf und stellt eine weiße Tasse unter den Spund des Kaffeeautomaten. Sie drückt auf einen Knopf und die Maschine fängt lautstark an zu arbeiten.

»Es ist wirklich Pech, dass Marie ausgerechnet

so eine Katze angeschleppt hat«, sagt sie, als sie sich mit der vollen Kaffeetasse in der Hand wieder setzt. Vom heißen Kaffee ringelt sich träger Dampf in die Höhe. Leas Kakao ist dagegen nur noch lauwarm.

»Können wir nicht hier ausziehen?«, fragt Lea. »Ich meine, in eine eigene Wohnung. Du und ich und Casper. Wenigstens so lange, bis die Kaninchen tot sind.«

Ihre Mutter starrt sie an. Lea ist auch ein bisschen verwundert. Die Idee ist ihr die ganze Nacht nicht gekommen, erst jetzt gerade. Dabei ist es die beste Idee überhaupt. Wer sagt denn, dass sie hier wohnen müssen, wenn es nur Probleme gibt?

Ihre Mutter streicht ihr die Haare. »Das geht doch auch nicht«, sagt sie leise. »Nur wegen dem Hund ...«

»Er ist nicht nur ein Hund!« Lea wird schon wieder wütend. »Außerdem, ich will auch überhaupt nicht hier wohnen. Die Jungs nerven und Martin interessiert sich überhaupt nicht für mich und Hilde kann mich sowieso nicht leiden. Und hast du gesehen, dass die einen Gartenzwerg haben? Einen echten Gartenzwerg, nur die Brause von der Gießkanne ist abgebrochen. Und Martin will Casper loswerden.«

Ihre Mutter starrt Lea an. Sie atmet tief durch, dann redet sie mit ruhiger Stimme.

»Lea, wir sind doch eben erst eingezogen. Es muss sich alles erst einspielen. Für Martin und die Jungs ist es auch eine Umstellung. Sie haben hier alleine gelebt, seit ... seit Martins Frau gestorben ist. Und Hilde hat die Jungs versorgt. Es ist schwer für sie, sie fühlt sich vielleicht weggedrängt.«

»Dann gehen wir eben wieder.«

»Lea!« Mama nimmt Leas Kopf zwischen beide Hände und dreht ihn so, dass Lea ihr in die Augen sieht. »Lea, wir können nicht einfach wieder gehen. Und weißt du was? Ich will auch gar nicht gehen. Ich liebe Martin, ich mag die Jungs, Hilde ist auch nicht so ein Drache, wie du jetzt meinst. Es ist ein neues Leben. Wir werden alle unseren Platz darin finden.«

»Außer Casper.«

»Auch Casper!« Mama sieht Lea in die Augen. »Es wäre doch gelacht, wenn wir keine Lösung finden würden.«

»Ihr habt aber keine gefunden.«

Mama lässt Leas Kopf los und richtet sich wieder auf. »Bis jetzt nicht«, gibt sie zu. »Aber wir geben nicht so leicht auf, das verspreche ich dir.«

Der Vormittag in der Schule zieht sich in zähe, fade Fäden wie ein ausgekautes Kaugummi, das man sich im Zeitlupentempo um den Zeigefinger wickelt. Lea hat Tobias noch vor Beginn der ersten Stunde alles erzählt und er wirft ihr von Zeit zu Zeit ermutigende, freundschaftliche Blicke zu. Aber das kann Lea nicht beruhigen. Dauernd sieht sie auf die Uhr. Ihre Gedanken sind bei Casper. Hat Hilde ihn schon wieder an der Garderobe angeleint? Was ist, wenn er sich verwickelt, sich erwürgt? Das wäre Hilde doch gerade recht, oder? Was ist, wenn er ihr entwischt und die Kaninchen anbellt? Kriegen Kaninchen wirklich so schnell einen Herzschlag oder ist das nur eine Erfindung? Lea nimmt sich vor, unbedingt im Internet nachzusehen, ob Kaninchen ein schwaches Herz haben. Vielleicht haben sie ja in Wirklichkeit Nerven wie Drahtseile und kichern sich eins, wenn ein japsender Hund vor ihrem Gitter herumtobt.

Endlich ist die sechste Stunde vorbei. Lea rennt aus dem Schulhaus, als würde dadurch der Bus früher fahren. Sie hat kaum Zeit, sich von Tobias zu verabschieden, winkt ihm nur zu und sieht, dass er ihr ein bisschen traurig nachschaut. Nur einen kurzen Augenblick lang denkt Lea daran, dass sie Tobias lange nicht mehr gefragt hat, wie es ihm eigentlich geht. Es dreht sich dauernd alles nur um sie, Lea, um ihre Eltern, um Casper. Aber da kommt der Bus und Lea vergisst Tobias ganz schnell. Sie zählt die Haltestellen. Draußen hat es zu regnen angefangen, der Scheibenwischer des Busses schrappt quietschend über die große Windschutzscheibe. Eine ältere Frau steigt mit einem nassen Dackel ein. Der Dackel setzt sich mitten in den Durchgang und guckt Lea nachdenklich an. Es riecht nach feuchtem Hundefell. Lea fällt ein, dass Opa es gar nicht mag, wenn es nach nassem Hund riecht. Er reißt dann immer die Fenster auf, egal wie kalt es draußen ist.

Sie rennt von der Bushaltestelle nach Hause. Das nasse Haus wirkt düster und fremd; welke Blätter kleben auf der Steintreppe, schokoladenbraune Pilze sind über Nacht unter der Fichte gewachsen. Lea wirft von Weitem einen Blick zum Kaninchengatter hinüber. Max und Moritz sind nicht zu sehen; wahrscheinlich haben sie sich wegen des schlechten Wetters in ihr Holzhäuschen zurückgezogen. Leas Herz klopft ganz laut. Sie tastet in ihrer Jackentasche nach dem kleinen Schlüsselfuchs, den Tobias ihr geschenkt hat, und schließt die Haustür auf. Kaum hat sie einen Fuß in den Flur gesetzt, da springt Casper auch schon an ihr hoch, wedelt und japst vor Begeisterung.

»Bist du allein?«, fragt Lea.

Sie zieht Jacke und Schuhe aus und geht in die Küche. Es riecht nach Essen, aber der Herd ist aus. Auf dem Tisch liegt ein Zettel.

»Wir sind in der Stadt, Schuhe für die Jungs kaufen. Mach dir das Essen warm. Gruß, Hilde, Jannis und Yuri.«

»Na toll«, sagt Lea, aber eigentlich ist es ihr ganz recht, dass keiner da ist. Sie schmiert sich ein Butterbrot und isst es im Stehen. Dann schmiert sie noch ein zweites und teilt es mit Casper. Casper verschlingt seinen Anteil und rennt dann unruhig zur Haustür und wieder zurück.

»Ach so.« Lea räkelt sich, wirft einen Blick auf ihren Schulrucksack und runzelt die Stirn. Die Hausaufgaben können warten. Jetzt ist erst mal Casper dran. Er hat einen Spaziergang verdient, einen Megasuperspaziergang.

»Wollen wir zur Kiesgrube gehen?«, fragt Lea.

Casper wedelt so aufgeregt, dass der ganze Hund wackelt.

»Okay. Ich zieh mich schnell um.« Lea rennt in ihr Zimmer. Sie schlüpft aus der Jeans und zieht ihre Schlabberhosen an. Dann holt sie ihre Jacke aus der Küche, wo sie sie über einen Stuhl gehängt hat, und steckt ein paar Leckerli für Casper und eine Rolle Kaubonbons für sich selbst ein.

Obwohl es regnet und obwohl sie es nicht so richtig darf, ist sie fest entschlossen, bis zur Kiesgrube zu gehen. Casper scheint es zu ahnen, denn er zieht an der Leine und sieht sich ab und zu fröhlich nach Lea um. Lea geht wie im Traum durch die Straßen, die ihr einerseits fremd und doch schon wieder ein bisschen vertraut sind, als würden sich die neuen Bilder Schicht um Schicht über die Erinnerungen an ihr normales Leben legen.

Als sie mit Casper die Kiesgrube erreicht, sind sie beide schon ziemlich nass. Lea friert, aber sie ist fest entschlossen, dass Casper jetzt erst einmal eine Weile seine Freiheit genießen soll. Sie hakt die Leine los. Casper schießt davon wie eine kleine Rakete. Er springt elegant über die hohen, nassen Grasbüschel. Er mag es nämlich nicht, wenn sein Bauch nass wird. Als er wiederkommt, schleppt er einen dicken Stock an. Er wirft ihn vor Lea ins Gras und sieht sie erwartungsvoll wedelnd an. Lea nimmt den Stock; er ist so schwer und nass, dass man ihn nicht gut werfen kann.

»Nehmen wir lieber deinen Ball«, schlägt sie vor. Sie hat einen gelben Tennisball dabei, der fliegt leicht und weit und Casper liebt ihn sehr.

Nachdem Lea den Ball mindestens zwanzig Mal geworfen hat, ist ihr richtig ungemütlich. Der Regen kriecht in ihre Ärmel und unter ihre Kapuze und durch ihre Schuhe. Es ist kalt, sie fröstelt.

»Lass uns wieder gehen«, sagt sie zu Casper.

Casper legt den Ball vor sie und schubst ihn mit der Nase. Dann sieht er Lea noch mal so bittend an, dass sie nicht widerstehen kann.

»Noch einmal«, sagt sie. »Aber dann ist Schluss.«

Sie hebt den Ball auf, holt weit aus und wirft, so weit sie kann. Casper rast hinterher, so weit, dass sie ihn fast nicht mehr sehen kann. Aber da kommt er schon wieder auf sie zu. Lea stopft die Hände in die Jackentasche. Sie denkt an warmen Kakao.

Casper ist höchstens noch zwanzig Meter von Lea entfernt, als er plötzlich stutzt. Er lässt den Ball aus der Schnauze fallen und spitzt die Ohren.

»Was ist denn da?«, fragt Lea.

Aber dann sieht sie es.

Ein Kaninchen springt vor Casper auf und saust davon.

Casper hinterher.

»Casper!«, schreit Lea. Sie rennt ebenfalls los, aber es ist klar, dass sie so einen flinken Hund nicht einholen kann. Der springt einfach querfeldein über Dorngestrüpp und Pfützen. Der Abstand zwischen ihm und dem Kaninchen verringert sich. Leas Herz klopft wie verrückt. Das Kaninchen schlägt einen Bogen und rennt jetzt auf die Landstraße zu.

»Casper!«

Aber Casper hört nichts. Casper rennt, Casper hechelt, Casper jagt endlich, endlich das Kaninchen.

Lea hört ein Motorengeräusch. Ihr wird schwarz vor Augen. Sie rennt, so schnell sie kann, einfach durch die Pfützen durch. Da ist die Landstraße. Ein Auto nähert sich, die Scheinwerfer leuchten hell, es ist dämmrig dunkel im Regen. Das Kaninchen flitzt direkt vor dem Auto über die Straße. Casper hinterher. Fast ist er auf der anderen Straßenseite. Fast hätte Lea aufgeatmet. Aber dann sieht sie, beobachtet, als wäre sie jemand anders, als wäre das, was sich da vor ihr abspielt, nur ein Film, dass Casper einige Meter durch die Luft fliegt und in der Böschung aufschlägt.

Lea rennt. Ihre Tränen fließen schon. Sie starrt auf die Böschung. Gleich wird Casper aufstehen, sich schütteln und mit eingeklemmtem Schwanz auf sie zutraben. Sie wird mit ihm schimpfen, »dummer Hund«, wird sie sagen und: »Siehst du wohl, das hätte schief gehen können«, und: »Wie kannst du mir so einen Schreck einjagen.«

Aber in der Böschung rührt sich nichts. Das Auto hat angehalten. Das Kaninchen ist längst verschwunden.

Da liegt Casper. Er liegt auf der Seite. Seine Augen sind weit aufgerissen, er hechelt immer noch. Ein Bein ist blutverschmiert. Er sieht Lea an, verständnislos, Hilfe suchend. Lea schluchzt so, dass es sie schüttelt. Sie kauert sich vor Casper, will ihn hochheben, weiß aber nicht, wie sie ihn anfassen soll, ohne ihm wehzutun.

»Vorsichtig«, sagt eine Frauenstimme neben ihr. Die Fahrerin des Wagens kauert sich neben Lea und streicht Casper über den Kopf. »Du Dummer«, sagt sie. »Ich konnte doch nicht mehr bremsen.« Sie sieht Lea entschuldigend an.

Lea nickt. Sprechen kann sie nicht. Ihr Hals ist ganz dick und zugeschwollen.

»Ich nehme ihn«, sagt die Frau. »Wir fahren gleich zum Tierarzt.«

Sie nimmt Casper vorsichtig auf den Arm, ohne sich um die Blutflecken auf ihrer Bluse zu kümmern.

»Steig ein«, sagt sie zu Lea. »Und breite hinten die Decke aus.«

Lea tut einfach, was ihr gesagt wird. Der Regen hat nachgelassen. Die Welt ist so dunkel wie noch nie. Die Frau legt Casper ganz vorsichtig auf die Decke. Casper jault leise.

»Streichel ihn ein bisschen«, sagt die Frau, während sie sich auf dem Fahrersitz anschnallt. »Welchen Tierarzt kennt er denn?«

Lea ist so verzweifelt, dass ihr nicht mal der Name vom Tierarzt einfällt. Die Frau sagt, dass es nichts macht und dass sie selbst auch einen kennt. Lea weiß nicht, wo sie hinfahren. Sie sieht keinen Moment aus dem Fenster. Sie sieht nur Casper an, den verletzten Casper, der auf der Seite liegt und schwer hechelt und nur ganz leicht mit der Schwanzspitze zuckt, wenn Lea ihn streichelt.

Endlich hält das Auto an. Die Frau klappt die hintere Wagentür auf und nimmt Casper ganz vorsichtig heraus. Sie schließt die Tür mit dem Knie und geht auf ein rotes Backsteinhaus zu.

»Komm«, ruft sie Lea zu. »Du musst mir die Tür aufmachen.«

Lea drückt auf den Türöffner. Im Inneren des Hauses riecht es scharf nach Chemie und dumpf nach Tieren, irgendwo kläfft ein Hund, ein ängstlicher Hund, aber wenigstens ein Hund, der noch bellen kann. Casper kann nicht bellen. Sein Kopf liegt schwer auf dem Arm der fremden Frau. Er sieht Lea an, als könne sie ihm helfen. Aber sie kann es nicht.

Die nächste halbe Stunde vergeht wie in einem samtschwarzen Traum. Der Tierarzt legt Casper auf seinen Untersuchungstisch, befühlt ihn. Casper winselt. Eine Arzthelferin macht eine Röntgenaufnahme. »Wir müssen überprüfen, ob er innere Verletzungen hat«, sagt sie. Und dann reicht sie Lea ein Päckchen Taschentücher, denn die weint immer noch, ohne es richtig zu bemerken.

Der Arzt schient Caspers Bein. Casper rührt sich kaum, aber er hat die Augen weit aufgerissen und beobachtet Lea unentwegt. Dann dreht sich der Arzt auf seinem Behandlungsstuhl direkt zu Lea um.

»Ich muss deinen Freund erst mal hierbehalten«, sagt er.

»Warum denn?« Lea kann nur flüstern.

Der Arzt legt seine Hand auf Caspers Flanke. »Sein Bein heilt wieder«, sagt er ruhig. »Wenn er keine inneren Verletzungen hat, wird er wieder gesund.« Er zögert. »Ich habe auf dem Röntgenbild nichts gesehen«, sagt er. »Aber sein Herz schlägt sehr schwach und sein Blutdruck ist ganz unten. Vielleicht ist es nur der Schock, aber ich möchte ihn lieber beobachten.«

Lea nickt stumm.

»Du kannst heute Abend anrufen und nach ihm fragen.« Der Arzt zieht seine Hand von Casper weg. »Deine Mutter wartet draußen im Auto.«

»Meine Mutter?«

»Die Frau, mit der du gekommen bist.«

»Das ist nicht meine Mutter. Das ist nur die, die Casper überfahren hat. Nur weil sie nicht aufgepasst hat.«

Der Arzt zieht die Augenbrauen hoch. »Sie hat es aber nicht absichtlich getan. Und sie hat euch immerhin hierhergefahren. Also sei nicht zu hart mit ihr.«

Lea zuckt mit den Achseln, aber sie weiß natürlich, dass er recht hat. Die Frau konnte überhaupt nichts dafür. Casper hat nicht gehört, er hat das Kaninchen gejagt und ist direkt vor das

Auto gerannt. Die Frau konnte überhaupt nicht mehr bremsen.

»Bis heute Abend also.« Der Arzt reicht Lea die Hand. Es ist eine warme, kräftige Hand. Martin hat so eine ähnliche Hand, fällt Lea ein. Anders als Papa, dessen Hände immer ein bisschen nervös zucken. »Mach dir nicht so viele Sorgen. Wir tun, was wir können.«

Lea nickt, aber sie findet diesen Satz nicht besonders beruhigend. Woher soll sie denn wissen, was der Arzt alles kann und ob das für Casper ausreicht?

Die fremde Frau wartet wirklich im Auto. Sie beugt sich rüber und macht die Beifahrertür auf, als Lea den Gartenweg herunterkommt.

»Was sagt denn der Arzt?«, fragt sie.

Lea zuckt wieder nur mit den Achseln. Sie kann einfach nicht mehr sprechen. Wenn sie jetzt den Mund aufmacht, dann fließen ihre Tränen wieder ganz unkontrolliert, das weiß sie genau. Und sie will vor der fremden Frau jetzt nicht mehr heulen.

»Es tut mir so leid«, sagt die jetzt, während sie den Motor anlässt. »So etwas ist mir noch nie passiert. Weißt du, dass ich auch einen Hund habe? Einen Labrador. Er heißt Lutz. Wenn den jemand überfahren würde, wäre ich sicher sehr zornig auf den Fahrer, auch wenn er gar nichts dafür könnte.«

Lea senkt den Kopf.

»Sag mir, wo du wohnst.« Die Frau biegt auf die Straße ein. »Ich fahr dich.«

Erst als die Frau in die Steinbrunnenstraße einbiegt, fällt Lea ein, dass sie ihre alte Adresse genannt hat, die immer noch ihre halbe Adresse ist. Heute aber ist sie falsch, weil sie diese Woche bei Mama wohnt. Die Frau hält am Straßenrand und klappt das Handschuhfach auf.

»Ich geb dir meine Karte«, sagt sie. »Bitte sag Bescheid, wie es deinem Casper geht.«

Sie reicht Lea ein kleines weißes Kärtchen, auf dem ihre Adresse steht. Lea steckt es ein. Sie schaut auf die Haustür.

»Was ist los?« Die Frau legt ihr die Hand auf die Schulter. »Soll ich mit reinkommen?«

Lea schüttelt heftig den Kopf. Sie klappt ihre Tür auf und steigt aus. Als sie sich umdreht, um die Tür wieder zuzuschlagen, beugt sie sich noch mal ins Auto.

»Wiedersehen«, sagt sie. »Und danke.« Sie zögert. »Sie können nichts dafür, wissen Sie. Casper hat ein Kaninchen gejagt. Er ist mir einfach weggelaufen.«

»Das kann mit jedem Hund passieren«, sagt die Frau. »Vergiss nicht, mich anzurufen.« Und sie fährt los.

Lea steht unschlüssig vor dem Gartentor. Was wird Papa sagen, wenn sie einfach so bei ihm auftaucht? Was wird Mama sagen, wenn sie einfach zu Papa geht? Sie späht in den Garten und entdeckt Miss Sophie. Die liegt flach auf einer Steinstufe und blinzelt träge.

»Du kannst dich freuen«, murmelt Lea bitter. »Casper bist du erst mal los.« Sie holt tief Luft und drückt das Gartentor auf. Auf ihr Klingeln öffnet Marie die Tür. Sie starrt Lea erstaunt an.

»Lea! Das ist ja eine Überraschung.« Erst dann sieht sie Leas verweintes Gesicht. Sie macht erschrocken einen Schritt auf sie zu. »Was ist denn los, Lea, was ist passiert? Hast du Streit mit deiner Mutter?«

Lea schüttelt den Kopf.

»Casper«, flüstert sie. »Casper ist überfahren worden.«

Marie schlägt die Hand vor den Mund. »Nein!«

Es klingt ganz ehrlich erschrocken, gar nicht wie wenn Marie Lea nur was vorspielen würde. Sie nimmt Lea in den Arm und drückt sie. Lea macht sich los.

»Er ist nicht tot«, sagt sie fast bockig. »Er ist verletzt und der Tierarzt hat ihn dabehalten.«

»Komm rein.« Marie macht die Tür ganz weit auf. »Ich mach dir was Warmes zu trinken. Kakao vielleicht? Ich weiß gar nicht, ob wir Kakao dahaben.«

Lea könnte ihr genau sagen, wo der Kakao steht, aber sie tut es nicht. Immerhin folgt sie ihr ins Haus. Der fremde Geruch ist noch stärker geworden. Caspers leerer Napf steht im Flur. Lea guckt schnell weg. Wenn sie die Augen zumacht, sieht sie Casper auf dem Behandlungstisch liegen, die Augen weit aufgerissen, die Zunge hängt ihm aus dem Maul. Welche Telefonnummer hat sie der Sprechstundenhilfe eigentlich gegeben? Sie weiß es nicht mehr. Sie weiß überhaupt nichts mehr.

Marie ist wie eine gute Freundin. Sie lässt Lea in Ruhe, stellt ihr nur eine Tasse heiße Milch mit Honig hin – den Kakao hat sie nicht gefunden – und ein paar Kekse. Lea legt sich aufs Sofa und deckt sich mit der blau geblümten Wolldecke zu, die Papa früher im Auto hatte und an der noch dürre Grashalme kleben, von irgendeinem Picknick. Und Hundehaare hängen dran, kurze weiße und hellbraune Hundehaare.

Marie ruft bei Martin an. Hilde ist am Apparat. Sie ist eigentlich sauer auf Lea, weil die einfach verschwunden ist, ohne eine Nachricht zu hinterlassen. Aber als sie hört, was passiert ist, verzeiht sie Lea sofort. Das sagt jedenfalls Marie, als sie sich in einen Sessel schräg gegenüber setzt und an Leas Tasse fühlt, ob die Milch noch warm ist.

Dann erzählt Marie. Sie erwartet gar nicht, dass Lea aufmerksam zuhört und dauernd irgendwas wie »Ach ja?« oder »Mann!« sagt, sondern sie spricht einfach vor sich hin, als würde sie mit sich selbst reden. Sie erzählt von einer Katze, die sie einmal hatte, lange vor Miss Sophie, zu einer Zeit, in der Marie selbst noch ein Kind war. Eine rote Tigerkatze, die Roma hieß. Roma war so zahm, dass Marie sie im Puppenwagen herumfahren konnte. Aber eines Tages wurde sie überfahren, direkt vor Maries Haus. Keiner bemerkte es, aber am Morgen, als Maries Vater zur Arbeit ging, lag Roma tot am Straßenrand. Marie weint sogar ein bisschen, als sie das erzählt. Einerseits wünschte Lea, Marie würde solche Sachen jetzt nicht erzählen. Schließlich lebt Casper ja noch. Er hat nur ein gebrochenes Bein und so etwas kann schließlich einfach wieder heilen. Das kann man nicht mit dem Tod von Maries Katze vergleichen. Andererseits aber fühlt sich Lea auf eine merkwürdige Art wohl unter ihrer Decke, mit ihrer Milchtasse, die sie gar nicht anrührt, dem Dämmerlicht vom Garten her, in dem die welken Blätter umherwirbeln, mit Maries leiser, fast träumerischer Stimme, die von Katzen erzählt, die längst in dem Tierparadies leben, an das Lea früher mal fest geglaubt hat. Und sie weiß, dass sie diesen Nachmittag niemals im Leben vergessen wird, egal was weiter geschieht.

Ihr Vater kommt spät von der Arbeit nach Hause. Lea hört, wie Marie ihn im Flur empfängt, ihm kurz erzählt, was passiert ist. Er kommt gleich ins Wohnzimmer, die Straßenschuhe hat er noch an, setzt sich neben Lea und streicht ihr über die Haare. Er sagt überhaupt nichts und das ist noch besser als Maries leise Stimme. Lea kann einfach nur hier liegen und die Decke ansehen.

Als es Abend wird, ruft Papa beim Tierarzt an. Lea selbst schafft es nicht. Ihr Herz klopft ganz laut und sie hält sich die Ohren zu. Sie will am liebsten überhaupt nicht da sein. Sie stellt sich die Farbe Blau vor, Tiefblau, wie das Meer bei schönem Wetter von oben gesehen, von einem Horizont zum anderen, ohne Insel, ohne Wellen, ohne Schiffe, sogar ohne Delfine.

»Lea?« Papas Hand auf ihrer Schulter, die spürt sie durch die Decke durch. Er zieht die Decke halb von ihrem Gesicht, damit er ihr in die Augen sehen kann. Seine eigenen Augen lächeln.

»Lea, es sieht gut aus. Der Arzt meint, dass Casper sich allmählich erholt. Er hat nichts gefressen, trinkt aber. Das ist ein gutes Zeichen, hat er gesagt.«

Lea nickt, ihr Hals ist schon wieder zugeschnürt.

»Morgen fahren wir hin und sehen nach ihm. Wenn es ihm besser geht, können wir ihn vielleicht sogar mitnehmen.« Er steht wieder auf. »So eine Aufregung! Ich brauche jetzt erst mal was zu essen. Wie ist es mit dir?«

Lea macht die Augen wieder zu. Ihr Blau leuchtet und glänzt, wie das Blau, das ein Taucher von unten sieht, wenn die Sonne auf die Wasseroberfläche scheint.

»Ich hab auch Hunger«, sagt sie.

19.

Casper ist wieder da und Miss Sophie ist weg.

Das eine hat mit dem anderen überhaupt nichts zu tun. Casper ist gar nicht bei Marie und Leas Vater gewesen. Sie haben Casper beim Tierarzt abgeholt und ihn und Lea direkt zu Martins Haus gefahren. Außerdem ist Casper noch lange nicht so weit wiederhergestellt, dass er auf Katzenjagd gehen könnte. Er liegt mit seinem Gipsbein im Körbchen und schmollt, weil der Tierarzt ihm einen hohen Kragen um den Hals geschnallt hat, damit er nicht an seinem kranken Bein herumknabbert. Wenn der Kragen nicht wäre, würde Casper diese Zeit wahrscheinlich in vollen Zügen genießen. Alle bedauern ihn und streicheln ihn und Lea hat sogar Hilde dabei ertappt, wie die Casper ein halbes Stück Sandkuchen zugemogelt hat. Nein, an Casper kann es diesmal nicht gelegen haben, wenn Miss Sophie wieder weggelaufen ist. Sie hat einfach Lust gehabt wegzulaufen und niemand ist schuld.

»Unsere Tierdramen nehmen ja überhaupt kein Ende mehr«, stöhnt Leas Vater am Telefon. »Ich komme mir schon vor wie in einer dieser billigen Fernsehserien.«

»Kann ich mit Marie sprechen?«, fragt Lea. Ihr Vater schweigt einen Moment erstaunt, aber dann sagt er: »Ja, natürlich. Warte einen Moment.« Er reicht das Telefon weiter, es raschelt und knackst ein bisschen.

»Ja?«

»Ich bin's, Lea. Ich wollte nur …« Lea zögert. »Ich meine, wegen Miss Sophie. Es tut mir leid. Ich hoffe, Papa macht dir heiße Milch mit Honig.«

»Du hast deine überhaupt nicht getrunken.«

»Doch. Nein. Egal. Aber es war nett. Sie hat geholfen, obwohl ich sie nicht getrunken habe.«

Marie schweigt einen Moment. Dann sagt sie. »Es ist lieb, dass du das sagst. Ich hoffe, dass Miss Sophie einfach wieder zu Jimmy läuft.«

»Das ist aber weit.«

»Sie hat es letztes Mal auch geschafft.«

»Vielleicht mag sie Würstchen.«

Marie lacht ein bisschen. »Ja, vielleicht. Vielleicht kann sie Dosenfutter nicht mehr sehen.«

»Das könnte ich verstehen. Ich mag auch nichts aus der Dose. Außer Zuckermais.«

»Vielleicht sollte ich es damit probieren. Zuckermais und Würstchen.«

»Kann ich Papa wieder sprechen?«

»Ja, natürlich. Bis demnächst, Lea.«

»Ja, bis dann.«

Als auch Papa aufgelegt hat, geht Lea nachdenklich zu Caspers Körbchen. Casper hebt den Kopf und schlägt ein paarmal mit dem Schwanz. Eigentlich kann er schon aufstehen und auf drei Beinen durch die Wohnung humpeln. Aber es sieht so aus, als würde er sich in seiner Rolle als kranker Hund ganz wohlfühlen. Lea geht in die Hocke und krault ihn hinter den Ohren.

»Armer Hund«, sagt sie. Casper seufzt und legt den Kopf wieder aufs Kissen.

Wie würde sie sich fühlen, wenn Casper so wie Miss Sophie einfach weglaufen und zu jemand anderem ziehen würde? Lea ertappt sich bei dem Gedanken, dass das fast noch schlimmer wäre, als wenn Casper überfahren würde. Das ist ein ganz böser Gedanke, denn es wäre natürlich besser, Casper würde weiterleben, wenn auch woanders. Aber irgendwo ganz tief in Lea drin pikst so eine Ahnung, dass es vielleicht noch mehr schmerzen würde, wenn Casper einfach beschließen würde, dass er nicht mehr bei Lea wohnen will.

Lea beobachtet ihre Mutter, die am Esstisch mit den beiden Jungs Memory spielt. Sie hat die Stirn in Falten gelegt und starrt konzentriert auf die blauen Kärtchen. Jannis deckt eine der Karten auf und kichert, weil es die falsche ist. Er deckt die Karte wieder zu.

»Du bist dran!«, sagt er zu Leas Mutter und lehnt vertrauensvoll seinen Kopf an ihren Arm.

Andererseits wäre Casper noch da, wenn er woandershin ziehen würde, und Lea könnte ihn besuchen, und er wäre sicher immer noch ihr Freund, und außerdem ist alles besser, als wenn jemand einfach tot und weg ist.

»Nächstes Mal musst du spielen, Lea«, jammert Leas Mutter. »Ich komm gegen diese beiden jungen Gangster hier nicht an.«

»Okay«, sagt Lea, aber sie zieht wenigstens ein gelangweiltes Gesicht.

Als Lea und Casper wenige Tage später wieder für eine Woche bei Leas Vater und Marie einziehen, ist Miss Sophie immer noch nicht aufgetaucht. Aber Marie wirkt nicht so unglücklich wie beim letzten Mal. Sie streichelt Casper und fragt Lea, ob sie heiße Milch mit Honig möchte. Lea möchte nicht. Das Getränk will sie sich für ganz, ganz schlimme Tage aufheben, an denen sie viel Trost braucht. Tage, an denen so ein Getränk schon tröstet, wenn es nur warm auf dem Tisch steht.

»Kann Tobias morgen Nachmittag zu mir kommen?«, fragt Lea, während sie ihre Schulsachen in ihr Zimmer räumt.

»Ja, natürlich.« Marie lächelt. »Er ist ein netter Junge. Eigentlich wünsche ich mir ja ein Mädchen, aber gegen so einen Jungen wie Tobias hätte ich auch nichts einzuwenden.«

Lea spürt so ein komisches Kitzeln im Bauch. Sie hat so viel an Casper, an Miss Sophie, die Kaninchen und wieder Casper gedacht und überhaupt nicht mehr daran, dass sie eine Schwester oder einen Bruder bekommt, obwohl so ein richtiger lebendiger neuer Mensch ja wirklich auch ganz schön aufregend ist.

»Freust du dich auf das Baby?«, fragt sie.

Marie lacht. »Klar. Aber ehrlich gesagt, habe ich auch ein bisschen Angst. Ich weiß gar nicht, wie man mit so kleinen Kindern umgeht. Hoffentlich mache ich nichts verkehrt.«

»Es gibt Bücher, in denen steht alles drin«, sagt Lea praktisch. »Oder du guckst im Internet nach. Mama guckt immer im Internet nach, wenn sie was nicht weiß. Kochrezepte und so was.«

»Du hast recht.« Marie lächelt. »Es kann eigentlich gar nichts schiefgehen.«

Sie setzt sich auf den bequemsten Sessel, auf dem früher nur Leas Vater sitzen durfte. Darüber haben sich Lea und ihre Mutter immer lustig gemacht.

»Ich hab mir was überlegt«, sagt Marie. Sie redet so, als würde sie mit einer ihrer Freundinnen reden, obwohl Lea doch erst elf ist. »Ich habe mir vorgenommen, wenn Miss Sophie wieder zu Jimmy geht, darf er sie behalten.«

»Was?« Lea starrt Marie an. »Aber es ist doch deine Katze.«

»Ein lebendiges Wesen kann niemandem richtig gehören«, sagt Marie. »Man kann sich um so ein Wesen kümmern, aber wenn es das nicht mehr möchte, muss man es auch loslassen können.« Sie seufzt und sieht Lea ein bisschen fragend an. »Was meinst du?«

»Aber du hast gesagt, Miss Sophie ist wertvoll. Weil sie eine Rassekatze ist.«

Marie zuckt mit den Schultern. »Sie ist sowieso unbezahlbar«, sagt sie.

»Und wenn Jimmy Miss Sophie gar nicht haben will?«

»Wir werden sehen.« Marie lächelt. »Jetzt muss sie erst wieder auftauchen.« Sie tätschelt Casper den Kopf. »Dann hätten wir das Problem mit diesem Kerl hier auch gelöst«, sagt sie. »Aber mit dem Baby muss er sich vertragen!«

»Das macht er bestimmt.«

Marie gießt sich eine Tasse Tee ein. Sie nippt und schaut nachdenklich aus dem Fenster.

»Ich hab ja gedacht, Miss Sophie ist begeistert, weil sie jetzt in einem Haus mit so einem großen Garten wohnen darf. Aber Katzen haben immer ihren eigenen Kopf, nicht wahr?«

»Vielleicht hat sie Heimweh«, meint Lea.

Marie dreht sich zu ihr um und stellt ihre Teetasse ab. »Aber ihr altes Zuhause gibt es gar nicht mehr«, sagt sie. »Sie kann nicht in ihr altes Zuhause zurück.«

»Sie hat vielleicht Heimweh nach früher.«

Marie sieht sie nachdenklich an. »Ja, vielleicht«, sagt sie. »Wie soll sie auch verstehen, dass sich alles geändert hat?«

»Ihr wäre es vielleicht lieber gewesen, es hätte sich überhaupt nichts geändert.«

»Man kann das Leben aber nicht anhalten. Es ändert sich immer etwas.«

»Ich weiß. Kann ich Tobias anrufen?«

»Wenn du das Telefon findest ... Ich hab's mal wieder verlegt.«

»Papa sagt, als er klein war, hingen noch alle Telefone an Kabeln. Da konnte man sie nicht so leicht verlieren.«

»Ich weiß. Vielleicht sollten wir unser Telefon einfach anbinden. An eine Schnur.«

»Stimmt.«

Marie geht mit ihrer Teetasse ins Wohnzimmer.

Tage vergehen. Feuchtnasse, neblige Herbsttage. Die Schule ist langweilig und nur wegen Tobias zu ertragen, findet Lea. Immer wieder schweift ihr Blick von der Tafel ab, wandert zum Fenster, zu den grauen, tief hängenden Wolken. Bald wird es Winter sein. Ein ganz anderer Winter als alle Winter vorher. Aber Hauptsache, Casper geht es gut.

Der muss nachmittags zum Tierarzt zur Nachuntersuchung.

»Noch mal Glück gehabt«, sagt der Arzt »Es sieht so aus, als würde der Knochen gut zusammenwachsen. Er wird das Bein noch lange schonen müssen, vielleicht humpelt er auch später noch ab und zu. Aber ich denke, damit kannst du leben, oder?«

Lea nickt. Als sie mit Casper an der Leine aus der Praxis kommt, bricht gerade die Sonne zwischen den Wolken hervor. Letztes gelbes Laub leuchtet in den Baumkronen. Lea atmet tief durch. Es hat sich viel geändert in diesem Jahr. Aber es geht alles, wenn auch anders, weiter.

Als Lea vom Tierarzt nach Hause kommt, legt Marie gerade das – wieder aufgetauchte – Telefon aus der Hand.

»Das war Jimmy«, sagt sie. »Miss Sophie ist angekommen.«

»Super«, sagt Lea. Sie sieht Marie fragend an. »Und was machst du jetzt?«

»Ich weiß gar nicht, ob ich mich freuen oder traurig sein soll.« Marie setzt sich auf die Armlehne vom superbequemen Sessel.

»Hast du Jimmy gesagt, dass er Miss Sophie behalten kann?«

Marie schüttelt langsam den Kopf. »Nein. Ich wollte das nicht am Telefon besprechen. Ich fahre noch mal hin.«

»Und dann fragst du ihn.«

Marie presst die Lippen zusammen und nickt.

»Soll ich mitkommen?«

Marie schüttelt den Kopf. »Nein, das muss ich schon alleine schaffen«, sagt sie mit fester

Stimme. Sie sieht auf die Uhr. »Ich fahre gleich hin. Dein Vater kommt in ungefähr einer halben Stunde. Ihr könnt schon essen, wenn ihr wollt.«

Sie nimmt ihre Wetterjacke vom Haken, wirft einen kurzen Blick in den Spiegel und seufzt.

»Ich bin jetzt schon so dick«, sagt sie. »Wie soll denn das enden?«

»Was?«

»Nichts. Ich bin schon weg. Tschüss.«

»Tschüss. Grüß Miss Sophie.«

Lea sieht ihr aus der offenen Haustür nach, wie sie zu ihrem kleinen Auto geht, und bewundert sie ein bisschen für ihren Mut.

20.

Martin hat einen Hundezaun gebaut. Der trennt seinen Garten in einen vorderen Teil, den Hundegarten, und einen hinteren Teil, den Hasengarten. Er sagt »Hasen«, weil »Hasengarten« schöner klingt als »Kaninchengarten«, meint er. Der Zaun ist gerade so hoch, dass Menschen noch über ihn drübersteigen können.

»Ist nur ein Provisorium«, erklärt Martin. »Später können wir ja einen richtigen Zaun mit einem kleinen Tor bauen.«

Lea betrachtet den Zaun. Sie hat so ihre Zweifel, ob Casper im Ernstfall nicht einfach drüberspringen wird. Aber sie sagt lieber nichts. Also nickt sie schweigend. Muss sie sich bei Martin jetzt eigentlich für den Zaun bedanken? Oder ist er eher eine Beleidigung für Casper? Es ist alles nicht so einfach zu deuten.

Yuri sitzt am Küchentisch über seinen Hausaufgaben. Er hat die Zunge zwischen den Zähnen und versucht, schöne Bs zu malen. Lea kann sich plötzlich genau erinnern, wie das war, damals, in der ersten Klasse.

»Du musst den oberen Bogen größer machen«, sagt sie. »Sonst kann man das B nicht erkennen.«

Yuri runzelt die Stirn.

»Ich hab aber keine Lust«, wendet er ein. »Mir gefallen die Bs so besser.«

Lea zuckt mit den Schultern, aber eigentlich findet sie es gut, dass Yuri das B so malt, wie es ihm gefällt. Überhaupt findet sie Yuri eigentlich ganz in Ordnung. Vielleicht kann man sogar was mit ihm anfangen, wenn er noch ein bisschen älter ist.

»Stör ihn lieber nicht.« Hilde ist am Küchentisch aufgetaucht. Sie trocknet sich die Hände am Geschirrhandtuch ab. »Es ist schwierig genug, ihn dazu zu kriegen, endlich seine Hausaufgaben zu machen.«

»Okay.«

Hilde verschwindet wieder. Yuri und Lea grinsen einander verschwörerisch zu. Dann dreht Lea sich schnell um und geht in ihr Zimmer.

Sie hat selbst auch keine Lust, ihre Hausaufgaben zu machen. Es gibt so viele sinnvolle Dinge zu tun. Man muss zum Beispiel den Dachboden ausbauen, denn sie wird nie im Leben in diesem kleinen Verschlag wohnen bleiben. Leider schafft sie das mit dem Ausbau nicht alleine. Sie kann höchstens mal eine Wand streichen. Und über die Farbe wird sie ganz alleine entscheiden. Wenn sie darauf besteht, wird die Wand schwarz gestrichen oder kariert oder gepunktet. Natürlich mag sie überhaupt keine schwarzen Wände, das mag eigentlich kein Mensch.

Lea kramt ein bisschen in ihrem Schulranzen. Eigentlich ist es die reine Verschwendung, um diese Uhrzeit Schularbeiten zu machen. Schließlich scheint die Sonne und das kleine Zimmer hat nur ein winziges Fenster. Es ist viel wichtiger, an die frische Luft zu gehen und noch einmal Licht zu tanken, bevor der dunkle Winter kommt.

»Kommst du mir raus?«, fragt sie Casper.

Casper steht schon auf allen vier Beinen, dann fällt ihm seine Verletzung ein und er hebt das rechte Hinterbein schnell wieder hoch.

Lea nimmt sich ein Buch mit. Wenn sie in der

Sonne sitzt und liest, ist es ein bisschen wie Urlaub. Sie könnte ihr Gesicht mit Sonnenmilch eincremen, damit es auch nach Urlaub riecht.

Lea holt sich einen Liegestuhl von der Terrasse und schleppt ihn vors Haus. Sie stellt ihn, so gut es geht, hinter die Sträucher, damit die Leute auf der Straße sie nicht sehen. Vielleicht kann Martin den vorderen Teil zum Hasengarten und den hinteren Teil zum Hundegarten erklären? Der hintere Teil ist nämlich viel gemütlicher.

Yuri kommt auch raus. Casper klopft mit dem kurzen Schwanz aufs Gras, steht aber nicht auf. Yuri grinst Lea versuchsweise zu, aber die guckt schnell in ihr Buch, damit sie nicht gleich Ball spielen muss oder so etwas Ödes. Da geht Yuri weiter und steigt über den Hasenzaun.

Lea fröstelt. Eigentlich ist es zu kalt für den Liegestuhl. Sie überlegt, ob sie sich eine Decke von drin holen soll, ist aber zu faul. Sie macht die Augen zu und versucht, sich vorzustellen, dass es ganz warm ist, sommerwarm, dass sie gleich anfängt zu schwitzen. Aber es nutzt nichts.

»Guck mal, Lea!«, sagt Yuri.

Lea macht die Augen wieder auf.

Da steht Yuri auf ihrer Seite des Hasenzauns, mitten im Hundegarten. Auf dem Arm hält er den dicken Max.

»Bist du verrückt?«, fragt Lea. »Was machst du denn?«

»Die sollen jetzt Freunde werden«, sagt Yuri mit fester Stimme und geht noch einen Schritt auf Casper zu. Jetzt sieht Casper hoch und entdeckt Max. Er springt auf die Füße.

»Du spinnst!«, schreit Lea. »Bring den Hasen weg!«

Max fängt an zu zappeln wie wild. Er windet und verbiegt sich. Sein Hinterteil rutscht aus Yuris Griff. Jetzt kriegt Yuri Angst. Er versucht, Max mit dem Arm an sich zu drücken, aber der kratzt jetzt heftig mit den Hinterbeinen an seiner Brust.

»Autsch!«, schreit Yuri und lässt los.

Max fällt und landet direkt vor Caspers Nase.

Die Welt steht einen Moment lang still. Die Vögel hören auf zu zwitschern, die Blätter hören auf zu fallen, der Motorenlärm verstummt und das Sonnenlicht wird ganz fahl.

Max liegt platt mit aufgerissenen Augen auf dem Boden.

Casper wittert.

Lea greift vorsichtig nach seinem Halsband. Er weicht aus.

Und dann rennt Casper.

Den gebrochenen Hinterlauf hat er bis an den Bauch gezogen, aber die anderen drei Beine galoppieren, die rosa Zunge hängt aus dem Maul, die Augen sind verdreht und der Schwanz eingeklemmt.

Casper hält erst an, als er an der Haustür angekommen ist. Er kratzt an der Tür und winselt, drückt sich in die Ecke und sieht sich panisch um.

Yuri und Lea starren einander verständnislos an. Lea hat sich im Liegestuhl aufgesetzt. Yuri hat beide Hände in den Hosenbund gesteckt.

Max sitzt immer noch platt gedrückt auf der Wiese. Seine Nase wackelt ein bisschen, er beißt versuchshalber in ein Kleeblatt, kaut im Zeitlupentempo darauf herum.

»Casper hat Angst«, ruft Yuri. »Der hat ja Angst vor Max!«

Lea kommt endlich wieder zu sich.

»Bring Max ins Gatter«, sagt sie. »Bevor es sich Casper anders überlegt.«

Aber Casper hat es sich nicht anders überlegt. Sein ängstliches Kläffen ruft Hilde auf den Plan. Die öffnet die Tür einen Spalt und wird sofort fast von Casper umgerannt. Sie sieht ihm nach, schüttelt den Kopf, sieht dann Lea an.

»Was habt ihr denn mit dem gemacht?«

»Nichts.« Lea holt tief Luft. Yuri steht noch mit Max auf dem Arm neben ihr.

»Casper hat Angst vor Max«, wiederholt er.

»Was?« Hilde tritt einen Schritt vor, als hätte sie schlecht gehört.

»Ich glaube, Casper hat Angst vor Kaninchen«, sagt Lea.

»Warum denn das?«

»Vielleicht weil er ein Kaninchen gejagt hat und dabei von dem Auto angefahren wurde. Er denkt vielleicht, das Kaninchen war schuld.«

Hilde schüttelt wieder den Kopf. »Das glaube ich nicht.« Sie überlegt. »Na ja, vielleicht stimmt es ja doch. Das wäre ja ein Segen.«

»Der denkt, Max hat ihn überfahren!« Yuri kichert. »Der denkt, Kaninchen haben vier Räder und fahren auf der Straße rum!«

»Der Arme.« Hilde dreht sich um und geht wieder ins Haus. Lea hört sie rufen. »Wo steckst du denn, Casper? Komm da raus, du bist wohl verrückt geworden!«

Lea und Yuri sehen einander wieder an. Sie grinsen. Max kaut noch an seinem Kleeblatt. Es ragt ihm aus dem Maul und so sieht er wie ein kleiner pelziger Glücksbringer aus.

21.

Miss Sophie wohnt jetzt bei Jimmy. Da kriegt sie zwar manchmal noch Würstchen und Hamburger, aber Jimmy musste einen richtigen Vertrag unterschreiben, in dem drinsteht, dass er für artgerechte Ernährung sorgen wird. Wenn Miss Sophie das Dosenfutter langweilig wird, zieht sie vielleicht wieder um. Das ist aber nicht sehr wahrscheinlich, denn sie fühlt sich bei Jimmy sehr wohl und findet es wahrscheinlich besonders gut, dass bei ihm keine Hunde wohnen.

Marie hat Miss Sophie anfangs sehr vermisst und sie auch zweimal besucht. Seit einigen Wochen ist sie aber nicht mehr dazu gekommen, weil Lissy jetzt da ist und Marie ununterbrochen in Beschlag nimmt. Wenn Lissy mal schläft, schläft Marie auch gleich mit, so erschöpft ist sie. Sie sagt, sie hat sich Babys anders vorgestellt. Freundlicher und leiser vor allem. Trotzdem findet sie ihre kleine Tochter natürlich ganz großartig. Lea findet Lissy auch großartig, auch wenn sie Marie ein kleines bisschen ähnlich sieht. Das kann sich ja vielleicht später noch ändern.

Casper scheint nicht zu verstehen, warum alle dieses brüllende neue Wesen so toll finden. Sie ist doch auch nur ein Mensch und dazu noch ein ausgesprochen kleiner. Casper ist lieber bei Martin und den Jungs. Da hat er wenigstens immer jemanden zum Spielen.

Lea weiß immer noch nicht, bei wem sie lieber ist, bei ihrer Mutter und Martin oder bei ihrem Vater und Marie und dem Baby. Im Moment wohnt sie häufiger bei ihrer Mutter, weil das Baby nachts noch so oft schreit und Lea dann übermüdet in die Schule geht. Tobias hat sich daran gewöhnt, dass er weit mit dem Bus fahren muss, um Lea zu besuchen. Manchmal treffen sie sich auch in der Innenstadt oder mit Casper auf der Hundewiese am Stadtrand. Früher hat Lea ihr eigenes Viertel eigentlich niemals auf eigene Faust verlassen.

»Bin ich froh, dass ich schon elf bin«, sagt sie

zu Tobias, als die beiden an der Eisdiele anstehen. »Früher konnte ich ja überhaupt nichts alleine machen.«

Tobias sieht sie an. »Du wolltest doch die Zeit anhalten«, sagt er sachlich.

Lea winkt ab. »Ja, schon. Ich möchte schon die Zeit anhalten.« Sie überlegt. »Aber vielleicht jetzt noch nicht. Erst wenn ich schon ein bisschen älter bin und Lissy nicht mehr so viel schreit.«

»Na gut.« Tobias dreht sich zur Eisverkäuferin um, die die beiden schon ungeduldig mustert. »Pistazie und Banane auf der Waffel bitte«, sagt er. »Und wenn ich das Eis in der Hand habe, sofort die Zeit anhalten.«

Die Verkäuferin starrt ihn verständnislos an.

Glück im Unglück

Ein Nachwort von Gerhard Bliersbach

Im Jahr 2008 wurden in Deutschland 191 000 Ehen geschieden. Knapp die Hälfte der geschiedenen Paare hatte Kinder unter 18 Jahren – 150 200 Kinder erlebten die Katastrophe der Auflösung der vertrauten familiären Umwelt. Wie viele Kinder davon in Patchwork-Familien* leben oder leben werden, wissen wir nicht, weil die offizielle Statistik dazu keine Angaben

---

* Das englische Wort »Patchwork« bedeutet so viel wie Flickwerk. So wie die Flickendecken aus verschiedenen bunt gemusterten Stoffstückchen bestehen, können auch Familien nach Scheidungen plötzlich zu einem kunterbunten Chaos aus neuen Familienmitgliedern werden – mit Eltern und Stiefeltern, mit neuen Geschwistern und Großeltern und natürlich auch Haustieren.

macht. Es gibt nur Schätzungen: Man vermutet, dass jede zehnte bis zwanzigste Familie eine Patchwork-Familie ist.

Leas Welt, die Vater und Mutter schützten, ist zusammengebrochen. Sie versteht ihre Eltern, die sich trennen wollen, nicht. Ihr Vater hat eine neue Partnerin – Marie – und ihre Mutter einen neuen Partner – Martin. Lea ist einsam und verzweifelt. Sie misstraut Marie und Martin, weil sie glaubt, dass sie ihr die Eltern weggenommen haben. Sie ist wütend, dass sie mit ihrer Mutter aus ihrem Haus ausziehen muss, während ihr Vater mit seiner Freundin einzieht. Sie ist eifersüchtig auf Martins Söhne Yuri und Jannis, die ihren Platz haben – während sie ihren sucht. Sie ist entsetzt über die Absicht ihres Vaters, Marie, die schwanger ist, zu heiraten – was ihr endgültig die Hoffnung nimmt, Mama und Papa könnten wieder zusammenkommen.

Bettina Obrecht, die Autorin dieser Geschichte, beschreibt Leas Aufruhr der Gefühle klug und genau. Wer so etwas wie Lea erlebt oder erlebt hat, weiß, wie schrecklich es ist, wenn die Eltern sich trennen. Fragen lassen einen nicht zur Ruhe kommen: Warum lieben Mama und Papa sich nicht mehr? Was ist passiert? Was habe *ich* dazu getan? Wie geht es weiter? Was wird mit mir? Was wird mit uns? Fragen hören die Eltern jetzt gar nicht gern. Sie sind zu schwirig. Oder lästig. Die Eltern sind so sehr mit sich beschäftigt. Sie sind abwesend. Wenn sie einen doch wenigstens einmal ansehen und fragen würden, wie es geht. Wenn sie geduldig erklären würden, was war und was wird. Wenn sie doch nur Zeit hätten … Die Gedanken lassen sich nicht aufhalten: Wie kann man die Eltern von ihrem Vorhaben abbringen? Sie wieder versöhnen? Sie zusammenbringen? Was kann *ich* tun? Man kann nichts tun. Die Eltern hören und schauen nicht hin. Sie trösten mit Ausreden. Sie sagen: *Ist doch nicht so schlimm. Es wird. Du wirst schon sehen.*

Aber man kann nichts sehen. Man sieht nur, wie die Eltern die Trennung vorbereiten, verabreden und organisieren. Man erinnert sich, wie es früher war. Und man überlegt und träumt, wie es sein könnte: wie die neuen Partner der Eltern vertrieben werden, wie Mama und Papa wieder zusammenkommen wie im Kino, wenn Mama entdeckt, dass sie Papa doch mag. Aber die Eltern ahnen nicht, wovon man träumt und was man ersehnt. Sie sind blöd. Man könnte sie auf den Mond schießen. Nein, man möchte sie hier haben. Die Verzweiflung wächst. Die Einsamkeit wächst.

Lea hatte Glück im Unglück. Sie hat – trotz allem – vernünftige Eltern. Vater und Mutter haben sich entschieden, sich so zu trennen, dass sie weiterhin miteinander sprechen können und für Lea als Eltern da sind. Marie und Martin, Leas künftige Stiefmutter und künftiger Stiefvater, bemühen sich darum, dass sie ein oder zwei Zuhause findet.

Das ist nicht schlecht, aber nicht das, was man sich wünscht. Wenn es kein Zurück mehr in die alte Familie gibt, was kann man sich noch wünschen? Eltern, die sich Zeit nehmen und die Wahrheit über sich sagen. Eltern, die nicht vertrösten, sondern fragen und zuhören. Eltern, die nicht jedes Wort wörtlich nehmen und aus der Haut fahren, wenn ihnen etwas gegen den Strich geht. Eltern, die verstehen, dass für ihr Kind oder für ihre Kinder ein fremdes Zuhause zuerst kein Zuhause ist und dass ein Stiefelternteil mit seinen Kindern ein Eindringling und nicht willkommen ist. Eltern, die zulassen, dass man verzweifelt, wütend und einsam ist. Eltern, die Zeit lassen, sich an die neue Lebenslage zu gewöhnen. Eltern, die keine schwierigen Fragen stellen und verlangen, dass man sagen soll, ob man bei Mutter oder Vater leben möchte – man kann das nicht sagen, weil man sich nicht für einen Elternteil und gegen einen anderen Elternteil entscheiden möchte. Man wünscht sich Eltern, die einen *gemeinsam* – auch wenn sie nicht mehr zusammenleben – schützen und unterstützen und helfen, die schwierigste Zeit des Lebens zu verkraften. Dann kann man wieder Hoffnung schöpfen und aufleben.

Gerhard Bliersbach, Jahrgang 1945, Diplom-Psychologe, approbierter Psychotherapeut und Autor veröffentlichte schon zahlreicher Aufsätze und Bücher. Das letzte mit dem Titel: *Leben in Patchwork-Familien. Halbschwestern, Stiefväter und wer sonst noch dazugehört* (erschienen beim Psychosozial-Verlag Gießen 2007). Gerhard Bliersbach lebt in zweiter Ehe in einer Patchwork-Familie in Hückelhoven-Ratheim.

Regina Rusch
Ich leb jetzt hier!

200 Seiten   ISBN 978-3-570-22105-1

Shahin, seine Schwester Noor und ihre Eltern haben es nicht leicht, denn in Deutschland ist alles anders als im Irak. Die Sprache, der Alltag ... Die Kinder haben anfangs in der Schule Schwierigkeiten und die Eltern Angst vor der Zukunft. Doch Shahins Familie ist zuversichtlich, trotz aller Hindernisse hier eine neue Heimat zu finden. Und mithilfe einiger freundlicher Mitmenschen gelingt ihr das auch!

www.cbj-verlag.de

Regina Rusch
Nicht mit Timo!
Eine Geschichte über Gewalt in der Schule

144 Seiten   ISBN 978-3-570-21824-2

Timo ist kein Engel. Ein bisschen Schubsen kommt schon mal vor, doch meist halten Timo und seine Klasse sich an die Regeln. Aber nun ist Arthur da und alles wird anders: Arthur schlägt zu, wenn ihm etwas nicht passt, und er mobbt Timo. Timo fühlt sich hilflos. Am liebsten würde er nicht mehr zur Schule gehen. Erst mit dem neuen Sportlehrer im Rücken und Mona an seiner Seite begreift Timo: Er selbst muss Arthur Grenzen setzen!

www.omnibus-verlag.de

Elisabeth Zöller
Ich knall ihr eine!
Emma wehrt sich

144 Seiten   OMNIBUS 21421

Eva und ihre Gang tyrannisieren die ganze Klasse. Wer nicht macht, was sie wollen, kassiert Prügel. Auch Emma gehörte schon ein paar Mal zu ihren Opfern. Aber Emma reicht es jetzt. »Und wenn ich zurückhaue?«, fragt sie sich. Zähneknirschend muss sie einsehen, dass sie dann auch nicht besser ist als Eva. Erst als die ganze Klasse handelt, gelingt es ihnen, Evas harte Schale zu knacken.

www.omnibus-verlag.de